Spanish Short Stories for Intermediate Level Volume 1

Improve Your Reading and Listening Comprehension Skills in Spanish with Ten Short Stories for Intermediate Level

Also available:
Spanish Stories for Beginners

Introduction

Reading is one of the best activities you can do to improve your knowledge of a particular language. Reading helps you learn new vocabulary and even introduces you to varied grammar structures that will be easier for you to pick up and put to use immediately. Most of all, reading is a fun activity that will not seem like such a chore in learning a language. Now add a listening aspect to that, and you get an engaging and entirely effective way to learn a language.

This book contains ten original Spanish short stories designed to help you **improve your reading and listening skills** and **learn new vocabulary easily.** This book will address some issues you might have, such as lack of available reading materials suited to your level, or difficulty in finding audio resources to practice your listening comprehension skills.

You'll be able to read ten short stories about useful daily topics that are perfect for intermediate level learners. With the built-in Spanish-English glossary throughout the text, you'll be able to effortlessly add 1,000 new Spanish words to your repertoire without needing a dictionary.

The stories are written in such a way that will make it easier for you to understand the context in which the vocabulary is used. You will also be given a chance to progress your writing skills by making use of the summary exercises at the end of each story.

So, are you ready to start reading the Spanish short stories? Let's get started! Enjoy!

Gracias. Thank you.
My Daily Spanish team

Advice on How to Use
This Book Effectively

You may already have some ideas on how you will enjoy this book, but nonetheless, we have prepared some advice to maximize your learning and enjoyment.

1. **Don't try to understand everything the first time around.** If your Spanish is not flawless yet, you may miss or misunderstand some of the words. That's OK. Don't give up or get frustrated just because you are stuck on one word. We have tried to provide as much vocabulary as possible, which we believe can cement your comprehension of the stories. If one word confuses you, just skip it and continue reading.

2. **Make use of the summary.** Each story comes with a sample summary. After reading each story, we encourage you to write your own summary to reinforce the learning process. After coming up with your own summary based on your comprehension, compare it with the one provided. This exercise is totally optional but it is highly recommended as a good way to boost your writing skills.

3. **Review the words you learn after each chapter.** The new words you learn may just as easily be forgotten after you read them. To avoid that, try to review the vocabulary you learn after each story.

How to Use the Audio

The bonus audio is narrated by a professional voice actor/native Spanish-speaker. The phrases are repeated twice with enough time in between. During the gap, make sure to practice pronouncing the words yourself!

Table of Contents

Table of Contents

acc

1

~~[scribbled out]~~

Smith960@aol.com

password : Bike1969

EL PECULIAR GRUPO DE ROCK
(música e instrumentos)

Important! The link to download the MP3 is available at the end of this book on page 81

The peculiar rock band (music & instruments)

Marta llegaba de la Universidad todos los días a la misma hora. Estudiaba un rato, ayudaba con las tareas de la casa, sacaba a pasear a su perro y si le quedaba tiempo libre siempre lo gastaba de la misma manera: **tocando la guitarra**. Marta era una gran apasionada de la música. En ese sentido, siempre había sido el **bicho raro** de su grupo de amigos. Le encantaba pasar tardes enteras **escuchando música** y tocando la guitarra. Además, tenía una voz preciosa y una gran capacidad para **componer canciones**, o para hacer **versiones** de las canciones que más le gustaban. Tenía toda la habitación llena de posters, una estantería con todos los **discos de vinilo** y los CDs que se había comprado ella, o que le habían regalado sus amigos durante su cumpleaños. Marta no podía salir a la calle y si no llevaba los **cascos** puestos, el día que se me rompían o se quedaba sin música por cualquier motivo, era una verdadera tragedia.

- **Tocar la guitarra:** to play the guitar
- **Ser el bicho raro:** to be the weird guy
- **Escuchar música**: to listen to music
- **Componer canciones**: to compose songs
- **Versiones**: covers
- **Discos de vinilo:** vinyl records
- **Cascos**: headphones

Cuando comenzó la historia, Marta acaba de llegar a la universidad. Quería estudiar periodismo, porque su sueño era trabajar **analizando música** en una televisión, o tener su propio programa de radio, su propia columna en su revista o un periódico, o dedicarse a escribir simplemente sobre lo que más le gustaba. Dentro de la Universidad hizo un grupo de amigos bastante amplio, debido a que era una chica muy sociable.

- **Analizar música:** to analyse music

Un día, caminando por los pasillos, le llamó mucho la atención un anuncio que había colgado en la pared. Se trataba de uno de los **grupos de rock** más famosos de su universidad, compuesto por 4 chicos un poco más mayores que ella, pero que ya habían sacado su propio **disco**. Ella era muy fan de ese grupo, y les había visto **actuar** en más de una ocasión en los **eventos** organizados por la universidad. En el anuncio, el líder principal del grupo, que además era el **batería**, informaba de que el grupo se había quedado sin **guitarrista** y que estaban buscando a una persona que pudiera tocar la guitarra y cantar para hacer un casting.

- **Grupo de rock**: rock band
- **Disco**: CD
- **Actuar**: to perform
- **Evento**: event
- **Batería**: drummer
- **Guitarrista**: guitar player

Marta no lo dudó ni un momento y se apuntó el número de teléfono en el móvil. Esa misma tarde, cuando volvió a casa, envió un mensaje de texto diciendo que había leído el anuncio y que llevaba más de 7 años tocando la guitarra, que además componía y le gustaba cantar. La respuesta llegó unos segundos después. Marcos, que así se llamaba el chico que haya puesto el anuncio, le preguntó si podían reunirse con todo el grupo el día siguiente después de las clases, y quedaron en que se verían en una de las salas que habían alquilado para hacer la **audición**. Marta estaba muy ilusionada porque siempre había soñado con tener un grupo de rock, y parecía que se le había presentado la oportunidad perfecta. Marcos era uno de los mejores guitarristas que había conocido y estaba seguro de que ese grupo **llegaría muy lejos.**

- **Audición**: audition
- **Llegar lejos**: to be successful

Antes de abrir la puerta de la sala en la que habían quedado, se paró durante unos instantes para tomar aire y tranquilizarse. Llamó a la puerta y una voz desde dentro le indicó que pasase.

-Buenas, soy Marta, vengo porque he visto el anuncio. -dijo la pobre con la voz temblorosa.

El grupo estaba sentado en unos sofás con todos los **instrumentos**. Marcos se acercó a ella y le dijo que la audición ya estaba cerrada porque habían hablado con una persona por teléfono y habían quedado en verse allí. A Marta eso le extrañó mucho, y le dijo que ella era la persona con la que habían hablado.

- **Instrumentos**: instruments

-¿Una chica? - dijo Marcos con cara de extrañado - pero no podemos aceptar a una chica en un grupo de rock. Las **voces femeninas** no suelen quedar bien con instrumentos como las **guitarras eléctricas**, lo siento mucho pero estaba buscando un chico, no a una chica.

Marta intentó de todas maneras que le hicieran la audición y se ofreció a tocar una canción con ellos sin ningún compromiso, pero ellos no quisieron hablar más de ello y le pidieron por favor que se fuera, sin querer escucharla cantar ni tocar. Cuando llegó a casa, Marta estaba tan desilusionada que incluso se planteó dejar de tocar la guitarra para siempre. Pero Marta no era una chica que se diera por vencida fácilmente, y en vez de **darse por vencida,** decidió poner ella misma un anuncio para realizar una audición en otras universidades y crear su propio grupo de música.

- **Voces femeninas**: female voices
- **Guitarras eléctricas:** electric guitars
- **Darse por vencida:** to give up

EL PECULIAR GRUPO DE ROCK(música e instrumentos)

Hubo muchísimas personas interesadas, y después de varios días escuchando tocar a gente, eligió a dos chicas, una para tocar el **bajo**, otra que tocase la batería, y finalmente, a un chico también que tocase la guitarra y cantase. Poco a poco fueron **ensayando**, pero como todos ellos tenían experiencia y eran muy aficionados a la música, no tardaron mucho en hacerse realmente buenos. Eran tan buenos e incluso se presentaron al **concurso de nuevos talentos** de su ciudad. En ese concurso también compitió en el grupo de Marcos, que además era el grupo favorito para la victoria.

- **Bajo**: bass
- **Ensayar**: to practice/rehearse
- **Concurso de nuevos talentos:** emerging talent contest

Justo antes de aparecer en escena, se encontraron con el grupo de Marcos en el **camerino**.

- Pero bueno - dijo Marcos acercándose a Marta - pero si es la chica que quería ser rockera. - según dijo esto, el resto del grupo de Marcos se rió. - no te preocupes, ya hemos encontrado a un chico que puede tocar la guitarra y cantar, y seguro que queda mejor que tú.

- **Camerino**: backstage/dressing room

- Eso ya lo veremos- respondió Marta muy tranquila.

El Gran Premio en el concurso era, ni más ni menos, **grabar una canción** con uno de los grupos más famosos de la **esfera del rock**, además de un contrato con una **discográfica** que les permitiría sacar su propio y primer disco, dar algunos **conciertos**, y les abría las puertas al mundo de la **industria musical**. Para Marta era muy importante ganar este concurso. No solo porque el premio era grandioso, sino porque tenía que demostrarle al grupo de Marcos y no siempre hay que dejarse llevar por las apariencias.

- **Grabar una canción**: to record a song
- **Esfera del rock:** rock scene
- **Discográfica**: record company; record label

4

- **Conciertos**: shows/concerts
- **Industria musical:** music industry

Marta era consciente de que su grupo era muy bueno, y a ella no le parecía en absoluto que solo, por ser la voz de una chica, quedase peor en una canción de rock que la voz de un chico. **A pesar de todo esto,** Marta todavía estaba intranquila, y tenía miedo de que los **jueces** pensasen también como Marcos y de que no le dieran una oportunidad y la escucharan de verdad. Sin embargo, **hicieron todos de tripas corazón** y salieron al **escenario** cuando les llamaron. Tocaron tres canciones, dos de ellas eran canciones compuestas por Marta, y la última de ellas fue una canción muy especial porque había sido escrita por todos los miembros de su grupo. Todos habían colaborado en ella, cada uno aportando un poco las diferentes **opiniones musicales** que tenían, y había quedado una mezcla un poco extraña pero que a Marta y su grupo le resultaba novedosa y especial.

- **A pesar de todo esto:** despite all that
- **Jueces**: jury
- **Hacer de tripas corazón**: to have the courage to do something
- **Escenario**: stage
- **Opiniones musicales**: musical opinions

Tras media hora de deliberación del jurado y la **actuación** del grupo de Marcos, finalmente se supieron los resultados. Efectivamente, el grupo de Marta había ganado esta vez el concurso. Estaban todos celebrándolo cuando se dio cuenta de que Marcos y su grupo estaban devastados por los resultados. Ellos también tenían mucha ilusión de tener ese contrato y por ganar el concurso.

- **Actuación**: performance

Marcos **se dio cuenta** de lo que había hecho y se acercó a ella para pedirle perdón y darle la enhorabuena. Marta se lo agradeció y le dijo que estas cosas tenían que habérselas pensado antes. Sus amigos, debido a la derrota, se enfadaron con Marcos y decidieron dejar el grupo. Marcos **no daba crédito** a lo que estaba pasando, y quiso despedirse de Marta e irse a casa inmediatamente porque no se encontraba bien de ánimo.

- **Darse cuenta de algo**: to realize
- **No dar crédito**: to not believe something/to be really surprised about something

Sin embargo, Marta, que es una persona que no suele guardar rencor, tuvo una idea que fue enseguida a proponerle a su grupo.

-Chicos -les dijo- ya que nuestro batería ha decidido continuar con la carrera y dejar al grupo ¿Qué os parece si hacemos una audición para un amigo mío que también es batería y acaba de quedarse sin grupo?

Todos sus amigos le dijeron que sí, y que estaban ansiosos de conocer a ese chico del que tanto hablaba Marta. Cuando se dieron cuenta de que era Marcos, una de las chicas no quiso que este entrase en el grupo, pero Marta habló con ella y le explicó que, aunque él se había portado mal, era algo que le gustaría hacer, porque le entendía y no quería hacerle lo mismo a otra persona. Al final, terminó convenciendo a su grupo, y Marcos entró a formar parte del grupo con el que, al final, terminaron triunfando dentro de la música.

RESUMEN:

Marta es una chica a la que le gusta tocar la guitarra y cantar. Un día está en la universidad, cuando encuentra un anuncio de un grupo famoso que necesita un guitarrista y va a hacer la audición. Ese día, el líder del grupo la rechaza porque no quiere una voz femenina, y Marta decide crear otro grupo por su cuenta para presentarse a un concurso y ganarles. El día del concurso gana el grupo de Marta, y el líder del grupo perdedor le pide perdón a Marta, y esta le deja entrar a formar parte de su grupo.

Marta´s a girl who likes playing the guitar and singing. One day, while she's at college, she finds an advertisement about a famous band that needs a new guitarist and is going to hold auditions. That day, the band leader rejects her because of her female voice, and Marta decides to create a band of her own, to beat them in a contest. The day of the contest, Marta's new band wins, and the leader of the losing band asks for her forgiveness, and she lets him become a new member of her band.

¿Qué talento musical tiene Marta?

Sabe cantar y tocar la guitarra

¿Por qué quiere presentarse al concurso?

Para demostrar que las voces femeninas también son buenas.

¿Qué le dice Marta a Marcos cuando pierde?

Le pregunta si quiere entrar en su grupo de música.

El cumpleaños de María
(oficina y trabajo)

María's birthday (office & work)

María estaba sentada en la silla de su **despacho** como cualquier otro día normal. Esa mañana era su cumpleaños, pero parecía que nadie se había acordado todavía. Todos sus **compañeros** le habían saludado **como de costumbre**, se habían tomado juntos un café, habían vuelto a trabajar, y luego comerían juntos en el bar de la esquina. En pocas palabras: **el pan de cada día.** Sin embargo, lo que María no se esperaba es que todos sus amigos estaban esperando la llegada de alguien muy especial para darle una magnífica sorpresa. Roger, el novio de María, se había ido de casa hace tres meses porque su **empresa** le había **destinado** a Berlín. ¡Qué sola estaba la casa sin Roger!, y María no esperaba que volviera hasta dos meses después. Pero la verdad era muy diferente: Roger había cogido un avión esa misma mañana para volver a Madrid y darle una sorpresa a María en el trabajo. Los compañeros de María se habían **puesto en contacto** con él y lo habían planeado todo. Solo tenían que esperar a que Roger llegase.

- **Despacho**: office
- **Compañeros**: workmates; colleagues
- **Como de costumbre**: as usual
- **El pan de cada día**: daily routine
- **Empresa**: company
- **Destinar**: to send
- **Poner en contacto:** to get in touch with somebody/to put somebody in touch with somebody else

Justo unos momentos antes de la hora de comer, Roger apareció en la **oficina**, donde **se dio de bruces** con Katy, la mejor amiga de María.

-¡Roger, ya has llegado! ¡Cuánto me alegro de que ya estés aquí! Escóndete rápido, María puede salir de su despacho en cualquier momento y si te viera, le arruinaríamos la sorpresa. – dijo Katy.

Katy le indicó a Roger que se metiera en una habitación oscura, que **daba la casualidad** de ser la sala de la **fotocopiadora**, donde solo las **secretarias** pueden entrar.

-¡No te preocupes, Roger! Dentro de nada podrás salir, tan solo tienes que esperar un poco a que María termine de hablar por el teléfono con un **cliente** y nos podamos ir a comer – le dijo Katy antes de cerrar la puerta.

- **Oficina:** office
- **Darse de bruces (con alguien): to** bump into someone
- **Dar la casualidad:** happened to be
- **Fotocopiadora:** photocopier
- **Secretaria:** secretary
- **Cliente:** client

Pero al contrario, **la espera se hizo eterna** para Roger. Los minutos pasaban y pasaban y nadie le avisaba para que saliera. Había traído consigo un ramo de rosas rojas que había comprado en una floristería antes de llegar. Eran las flores favoritas de María, le iban a encantar; Además, después de la comida con todos sus compañeros, quería llevarla al cine y después a cenar a su restaurante favorito. Justo como solían hacer todos los viernes antes de que Roger tuviera que irse a Berlín. Al cabo de un rato, Katy volvió a aparecer para disculparse y explicarle a Roger que María no paraba de hablar por teléfono, porque estaba teniendo un **problema** con un cliente que le iba a llevar un poco de tiempo. Pero también le dijo que fuera paciente y que en unos momentos iba a intentar **deshacerse de** ese cliente. Katy intentó por todos los medios que María dejase de hablar con el cliente, hasta que al final cogió ella misma el teléfono, dijo cuatro o cinco palabras y acabó la conversación.

- **La espera se hizo eterna:** to wait seemed to last forever
- **Problema:** issue
- **Deshacerse de:** to get rid of

-¿Cómo has hecho eso? ¡Katy, era una cliente **de toda la vida**! – le dijo María en un tono de enfado.

-María, son las tres y media de la tarde, es tu cumpleaños y estamos todos esperando a que termines de hablar por teléfono porque tenemos una sorpresa para ti, que además creemos que te va a gustar bastante. -le respondió Katy en un tono lo más calmado posible.

-¿En serio? Pensaba que nadie os habíais acordado de mi cumpleaños ¿Y qué sorpresa es esa? -preguntó María muy intrigada.

-Acompáñame y lo verás.

- **De toda la vida:** since always

Justo cuando se acercaban al **pasillo** y giraron la esquina, María vio cómo todo el pasillo estaba decorado con motivos de cumpleaños, y todos sus amigos gritaron a la vez "¡Sorpresa!" Justo después, una puerta se abrió **de golpe** delante de ella y apareció la persona a la que más le apetecía ver: Roger. Todos sus amigos aplaudían mientras ellos se abrazaron, y después, todos juntos le cantaron el cumpleaños feliz. María estaba tan emocionada que incluso derramó alguna que otra lágrima de felicidad. No podía creer lo que estaba viendo. En realidad, ¡Ninguno de sus amigos se había olvidado de su cumpleaños! Y lo mejor de todo ¡Roger estaba allí con ella para celebrarlo! Todo parecía perfecto.

- **Pasillo:** corridor
- **De golpe:** suddenly

Sin embargo, todo esto cambió **de golpe y porrazo.**

-¿Qué está pasando aquí? – gritó una voz enfurecida que provenía de la puerta de la oficina.

Todos se giraron a la vez y pudieron ver al Sr. Lora entrando por la puerta. El Sr. Lora era el **director** de la empresa, el **jefe** de María y todos sus compañeros, y tenía fama de **no tener muy buenas pulgas**. Todos temían que **regañase** a María y a sus compañeros por aquello que estaban haciendo, y estaban esperando a que en cualquier momento empezase a gritar y se enfadase. Sin embargo, cuando el Sr. Lora vio toda la decoración en el pasillo, y el gran cartel que decía "Feliz cumpleaños, te queremos", se acercó al grupo en silencio y preguntó:

- **De golpe y porrazo:** suddenly
- **Director:** manager; headmaster; director
- **Jefe:** boss
- **No tener muy buenas pulgas: to** not be very friendly
- **Regañar: to** tell someone off

-¿De quién es el cumpleaños hoy?

-Mío, señor. No me esperaba que me hicieran esta sorpresa, discúlpenos. -dijo María asustada.

-¿Y este chico quién es? -dijo el Sr. Lora señalando a Roger con el dedo.

- Este chico es mi novio, Sr. Lora

El jefe de María se acercó a Roger muy despacio y se quedó mirándole a los ojos.

-¿tú trabajas en esta empresa?

-No. -dijo Roger.

Katy se acercó al jefe y le dijo que todo esto había sido una sorpresa para María, porque era el cumpleaños de esta. De repente, al Sr. Lora **le cambió la cara** y se acercó a María para felicitarla. Todo esto fue un **alivio** para el resto de compañeros de María, que pensaban que su jefe les iba a regañar por haber decorado las paredes del pasillo. Cuando terminó de felicitarla, se fue, e inmediatamente todos los amigos se fueron al restaurante al que suelen ir a comer todos los días cuando terminan el trabajo para continuar allí la celebración. En el restaurante, le dieron los regalos a María que le habían comprado entre todos los compañeros, y cuando todo se tenían que ir a sus casas, María se quedó con Roger. Al final, terminaron pasando la velada de un cumpleaños perfecto entre ellos. La velada transcurrió tal y como el novio había previsto. En primer lugar fueron al cine a ver la nueva película que anunciaban en la cartelera, y después a cenar al restaurante favorito de María.

- **Le cambió la cara:** he suddenly became calm
- **Alivio:** relief

Justo después de cenar, Roger le dijo a María que esa no era la última sorpresa de la noche. Aún quedaba una de las sorpresas más grandes para cumpleaños de María. Lo que hizo Roger pues dile a María que, por favor, se tapase los ojos y se asegurase de que no podía ver absolutamente nada. María se fío absolutamente de su novio, se tapó los ojos y se dejó llevar al sitio al que este le había prometido que la llevaría. María simplemente escuchaba **ruidos** de la calle y coches, muchas personas hablando y no le parecía reconocer en qué zona de la ciudad se encontraban en ese preciso momento.

Al cabo de una media hora, en la cual tuvieron que ir en coche durante unos 15 minutos, llegaron por fin al sitio al que tenían que llegar. Este se trataba de un pequeño **local** situado a las afueras de la ciudad. Lo más importante de todo es que dentro estaban todos los amigos de María, pero ella no se esperaba **en absoluto que** estuviesen allí. Roger abrió la puerta del local, que aún estaba con las luces apagadas, y le pidió a María que se quitase la venda de los ojos. Cuando María se quitó la venda, al principio no veía nada debido a la oscuridad que había en el local. Pero de repente, Roger encendió la luz y María pudo ver a todos sus amigos de pie cantándole el cumpleaños feliz.

- **Ruidos:** noises
- **Local:** local establishment or room
- **En absoluto:** not at all/no way

«¡Sorpresa!» - gritaron todos.

María no daba crédito a lo que veían sus ojos. Si la comida y que hubiera venido su novio ya era de por sí una verdadera sorpresa, la fiesta que le habían preparado no podría habérsela esperado jamás. Allí estaba todo el mundo, los amigos del trabajo, su familia, sus primos a los que veía cada tres meses, sus amigas del colegio e incluso amigos de su novio, con los que tenía también muy buena relación. A la fiesta había venido un DJ que pinchaba el tipo de música que a María le gustaba: El rock. Todo parecía perfecto para María. Sus amigos bailaban, reían y se lo pasaban muy bien. Al cabo de un rato, uno de sus mejores amigos avisó a todo el mundo para que se sentase en el suelo y se callaran. De repente, alguien proyectó un vídeo en la pantalla. En ese vídeo aparecían sus mejores amigos uno por uno haciéndole una pequeña dedicatoria y contando por qué María era una persona tan importante para ellos.

María no podía dejar de llorar de felicidad en ese momento. La mejor parte fue la de su novio, y después fue a abrazarle y darle las gracias por todas las sorpresas que le había dado en su cumpleaños.

RESUMEN:

El cumpleaños de María ha llegado y parece que ninguno de sus compañeros de la oficina se ha acordado. Pero lo que María no sabe, es que estos tienen una sorpresa muy importante para ella: su novio Roger va a venir de Berlín y va a llevarla al cine y a su restaurante favorito. Y después, la llevará a una fiesta sorpresa donde estarán todos sus amigos y familiares para darle los regalos, celebrarlo y enseñarle un vídeo de dedicatorias.

María's birthday has arrived and it seems that none of her workmates has remembered it. But what María doesn't know yet is that they have a very important surprise planned for her: her boyfriend Roger is coming from Berlin to take her to the cinema and her favorite restaurant. And later on, he will take her to a surprise party where all her friends and family will be, to give her presents, celebrate, and show her a film with greetings from all of them.

¿Cuándo pensaba María que iba a volver a ver a Roger?

En Navidad, porque estaba de viaje por el trabajo.

¿Cómo describen en la historia al Sr. Lora?

Como un hombre gruñón y con muy malas pulgas, es decir, no muy amistoso.

¿Cuál es la sorpresa final que le tiene Roger preparada?

Una fiesta sorpresa con todos sus amigos del trabajo y sus familiares

Historia de un aeropuerto.
(Viajes y aeropuertos)

Story of an airport (trips & airports)

Lorena y Juan caminan por la **terminal** de Barajas sin decirse ni una palabra. La gente en el **aeropuerto** va muy deprisa, parece que incluso van agobiados con sus **maletas** en la mano y corriendo a todos lados. Parece que todo el mundo tiene algo muy importante que hacer o un sitio muy importante al que ir. Sin embargo, ver a la gente correr de un lado a otro con tanta prisa, estaba haciendo la situación más difícil. El motivo por el que Lorena y Juan están allí es porque Juan tiene que coger urgentemente un **vuelo** hasta California para un **asunto** en el que está trabajando y al que le ha enviado su jefe a trabajar personalmente. Desde que se han bajado del taxi ninguno ha abierto la boca. El único que ha pronunciado las palabras ha sido Juan, para darle la información de su vuelo a la chica que tenía que **registrar sus maletas.**

- **Terminal:** terminal
- **Aeropuerto:** airport
- **Vuelo:** flight
- **Asunto:** issue
- **Registrar maletas:** to check in the luggage

- Bueno, creo que es aquí cuando deberíamos decirnos adiós. Dijo Lorena- espero que tengas un vuelo agradable y que me llames en el momento en el que **aterrices**, por favor.

- Muchas gracias- responde Juan- de verdad, Lorena, no sé qué haría sin ti. Gracias por haber venido al aeropuerto conmigo. Es muy importante para mí que estés en el momento que quiero **despedirme** el país en el que he estado viviendo toda mi vida. Además, tú sabes que en estas situaciones me pongo muy nervioso y es importante para mí que me acompañes justo antes de un vuelo.

Cualquier persona se habría dado cuenta de que Lorena está haciendo un **esfuerzo** muy grande para poder sonreír. Le da muchísima pena que Juan se vaya. Es un momento muy duro y muy difícil para ella, pero no quiere que la situación se ponga triste y crear un momento desagradable, así que intenta sacar la mejor de sus sonrisas, le da un abrazo y comienza a caminar hacia la puerta del aeropuerto. Cuando lleva unos segundos andando de repente escucha la voz de Juan detrás de ella.

- **Aterrizar: to** land
- **Despedirse: to** say 'goodbye'
- **Esfuerzo:** effort

- Lorena ¿Puedes esperar unos minutos? Todavía tengo tiempo para que salga mi **avión**.

Lorena mira hacia atrás y le dice - lo siento, Juan, debería irme. Al final voy a terminar llegando tarde al trabajo. - la verdad es que no era cierto que fuese a llegar tarde al trabajo, pero en ese momento no se le ocurrió una **excusa** mejor para irse de allí, porque necesitaba irse y no ver ese triste momento.

- Por favor- dijo Juan- tengo algo que necesito decirte y no puede esperar hasta que vuelva del viaje, sería demasiado tiempo. ¿Podrías escucharme durante unos minutos? –

Lorena le dijo que sí **asintiendo** con la cabeza y le informó de que tenía poco tiempo, así que le pidió que resumiera lo que quería decir en 2 minutos.

- **Avión:** plane
- **Excusa:** excuse
- **Asentir: to** nod

- Lorena, ya sé estás enfadada conmigo acerca de... Bueno... Todo lo que ha pasado entre nosotros en los últimos 10 años, o incluso tal vez más.- dijo Juan

-¿Pero qué te ha hecho creer eso? - Dijo Lorena **sarcásticamente**, porque era **evidente** que sí estaba enfadada con él.

Juan entendió el comentario sarcástico e intentó pedirle a Lorena y decirle que lo sentía mucho. A todo esto, Lorena **puso los ojos en blanco** y dijo lo siguiente:

-¿Perdón por todo? Quizás tendrías que ser un poco más específico. ¿A qué de todo te refieres? ¿Te refieres a las veces que me has usado y has roto mi corazón, o te refieres al hecho de que ahora está saliendo con la mujer que me ha arruinado la vida? ¿Quieres que continúe hablando o ya te sabes la historia de memoria, verdad?

- **Sarcásticamente:** sarcastically
- **Evidente:** evident
- **Poner los ojos en blanco: to** roll one's eyes

- No, por favor, Lorena. Ya sé cuánto daño te he hecho. He sido la peor persona del mundo y me he comportado como no debía. Lo único que quiero que sepas es que a partir de ahora voy a empezar a ser una persona diferente. Carolina y yo hemos terminado, ya no estamos juntos. Esto es porque me he dado cuenta de que ahora tú eres la única persona que importa para mí. Siempre has estado ahí para **apoyarme**. Cada vez que tenga un mal día, cada vez que estaba triste o estaba enfadado, incluso veces que no me merecía tu presencia y tu atención. Siempre has estado ahí cuando te he necesitado y no puedo darte las gracias por ello, porque nunca nadie me ha tratado de la manera que me tratas tú. Ha sido justo ahora cuando me he dado cuenta de que nosotros **estamos hechos el uno para el otro**.

-¿Entonces Carolina te ha dejado y ahora me quieres otra vez? - dijo Lorena - esa historia me suena muy familiar, ¿No te das cuenta de que siempre haces lo mismo? Por favor, háblame cuando vuelvas de tu **viaje**, porque estoy segura de que en California encontrarás a alguien y probablemente retires todo lo que acabas de decir.

- **Apoyarme: to** support me
- **Estar hechos el uno para el otro:** to be made for each other
- **Viaje:** trip

- No, Lorena, te equivocas -dijo Juan- yo dejé a Carolina hace más de un mes. No te dije nada de esto porque no quería que pensases que te estaba usando de nuevo, justo como estás pensando ahora mismo. He tenido mucho tiempo para pensar y para **darme cuenta** de las cosas **tal y como son**. También he pensado en mis sentimientos, y ahora estoy totalmente seguro de quién es la persona con la que quiero estar. Eres tú, siempre has sido tú. Mi único problema es que yo siempre he sido demasiado **tonto** como para darme cuenta. Espero que algún día puedas darte cuenta y puedas volver a quererme de nuevo.

El corazón de Lorena empezó a latir muy rápido, pero ella intento **mantener la calma**. Mira - dijo ella - pareces estar un poco confundido, lo que deberías hacer es ir a tu viaje y tomarte estos tres meses para pensar en lo que quieres de verdad, y ver si todavía sientes lo mismo por mí cuando vuelvas. Esa es la única **prueba** que necesito para saber que estás diciendo la verdad. Yo simplemente no quiero volver a pasar por lo mismo que la última vez.

- **Darse cuenta: to** realize
- **Tal y como son:** just as they are
- **Tonto:** silly
- **Mantener la calma: to** keep calm
- **Prueba:** proof

- Yo quería esperar hasta mi regreso pero algo me dice que tengo que decirlo ahora. No quiero volver de California y darme cuenta de que no es demasiado tarde, así que voy a tener que pedirte que por favor, te cases conmigo, Lorena. Si ahora mismo pudieras perdonarme con todas las veces que te he hecho daño te juro que usaré el resto de mi vida para tratar de **compensarte**.

- JUAN, LLEVO ENAMORADA DE TI DESDE QUE TENÍA 18 AÑOS, POR SUPUESTO QUE ME CASARÉ CONTIGO. -Respondió Lorena.

- Entiendo que eso te haya **pillado un poco por sorpresa**, pero esperaba decírtelo justo cuando volviera del viaje. Lo siento si no es el mejor momento, pero no podía subirme al avión sin haberte dicho lo que siento.

Lorena, que al principio no podía hablar debido a la emoción le dijo que necesitaba un poco de tiempo para poder asimilar todo lo que había pasado, y que no quería que éste perdiera su vuelo.

-**¡Al infierno con el vuelo!** -dijo Juan- puedo coger otro avión perfectamente, incluso puedo conseguir otro trabajo, pero no puedo volver a encontrar otra chica como tú. Necesito que me des tu respuesta ahora mismo.

- **Compensar: to** compensate
- **Pillar por sorpresa:** to catch someone by surprise
- ¡Al infierno **con…!:** to hell with…!

Lorena **se hizo un poco de rogar** y le dijo « no seas tonto» moviendo la cabeza de un lado a otro y sonriendo. - no te voy a dar una respuesta aquí y ahora en el aeropuerto, de todas maneras. No me parece el lugar ni el momento adecuado para darte una respuesta a la pregunta más importante de mi vida. Significa mucho para mí que hayas querido hacerme esta pregunta, pero lo mejor ahora mismo va a ser que te subas al avión y hablemos cuando vuelvas. ¿Te parece bien?- E inmediatamente se diera un largo abrazo. Juan le prometí a Lorena que iba a venir todos los fines de semana para que pudieran verse y pasar tiempo juntos, y después de eso, se fue hacia su **puerta de embarque**.

- **Hacerse de rogar:** make someone ask you several times
- **Puerta de embarque:** departure gate

Lorena se limpió una lágrima mientras miraba como se iba. Jamás se imaginó que un día como ese fuese a acabar de una manera tan peculiar, pero el simple hecho de pensarlo no podía hacerla más feliz. Estamos a martes. Desgraciadamente, aún quedan tres días enteros para que puedan volver a verse. Pero mientras pensaba en lo felices que iban a ser cuando volvieran, se encaminó a la **salida** de la terminal del aeropuerto. Al poner el primer pie en la calle, Lorena no pudo contener por un momento más sus emociones y **rompió a llorar** de alegría. Inmediatamente se acercó a la parada de bus y cogió el primero que iba en dirección a su ciudad. Al verla llorar, el conductor le preguntó qué le pasaba. Ella se limpió las lágrimas y le dijo que, aunque lloraba, no podía ser más feliz, porque esa mañana se había levantado sin tener ninguna idea de qué iba a casarse con el amor de su vida.

- **Salida:** exit
- **Romper a llorar: to** start crying

RESUMEN:

Después de una complicada historia de problemas amorosos, Lorena está acompañando a Juan al aeropuerto porque éste tiene que irse de viaje a California. A la hora de despedirse, algo mágico ocurre y Juan le pide perdón a Lorena por lo ocurrido todos esos años atrás. Esta termina perdonándole, y para su sorpresa, Juan le pide que se case con ella. Lorena acepta sin pensárselo dos veces, y le promete que hablarán de ello tan pronto como Juan vuelva de su viaje, tres días después.

After a complicated history of romantic problems, Lorena is accompanying Juan to the airport because he has to go on a trip to California. When the moment to say 'goodbye' comes, something magic happens and Juan asks Lorena for her forgiveness for all the things that have happened between them in the past. She ends up forgiving him, and to her surprise, Juan asks her to marry him. She accepts without thinking twice, and promises that they'll talk about it as soon as Juan comes back from his trip, three days weeks later.

¿Por qué se enfada Lorena con Juan en un primer lugar?

Por haberse ido con Carolina, la chica que le había arruinado la vida.

¿Por qué motivo se va Juan de viaje y a dónde?

Se va porque en su trabajo le han destinado a otra ciudad. Se va a California.

¿Qué respuesta le da Lorena a Juan?

Primero le dice que quiere casarse con él, y luego que lo hablarían cuando vuelvan de su viaje.

El monstruo de debajo de la cama (sueños y pesadillas)

The monster under the bed (dreams & nightmares)

Como todas las noches, su madre se despide de él dándole un **beso de buenas noches** y justo antes de cerrar la puerta de su habitación, le desea que tenga buenas noches y que **sueñe** con cosas bonitas. Benjamín se va a dormir como todos los días y no tarda mucho en **conciliar el sueño.** Sin embargo, en mitad de la noche se encuentra en la mitad de un **sueño placentero**, cuando de repente en él aparece algo muy desagradable. Benjamín empieza a retorcerse en la cama, tratando de salir de ese sueño. Pero no puede salir y despertarse, entonces empieza a gritar desesperadamente.

- **beso de buenas noches:** goodnight kiss
- **Soñar: to** dream
- **Conciliar el sueño: to** fall asleep
- **Sueño placentero:** pleasant dream

En cuanto escucha el primero de sus gritos, su madre **salta alarmada de la cama,** y se dirige a la habitación de su hijo para comprobar que todo va bien. Benjamín no para de **gritar**, y su madre entra de repente a su habitación, intentando averiguar qué ocurre. Es de repente, en ese momento, cuando Benjamín se da cuenta de que todo ha sido una **pesadilla** y de que está despierto y en su cama. Su madre se sienta en el lateral de su cama y le seca la frente **sudorosa**. Intenta tranquilizarle diciéndole que ella está allí y que no puede pasar nada malo, intenta hacerle entender que ha vuelto a tener otra vez una horrible pesadilla. Benjamín le dice a su madre que tiene miedo de dormirse y que vuelva a aparecer el **monstruo** otra vez. «Cariño, los monstruos no existen. Y si existen, yo mataré monstruos por ti» esa es la frase que le decía su madre todas las noches que no podía volver a dormir después de haber tenido una mala pesadilla como esta vez. Se trataba del mismo sueño de siempre.

- **Saltar alarmado de la cama: to** jump out of bed
- **Gritar: to** scream
- **Pesadilla:** nightmare
- **Sudoroso:** sweaty
- **Monstruo:** monster

Para Benjamín era una rutina que al menos, una vez al mes, soñarse que hay un monstruo debajo de la cama que está esperando para que se quede dormido para **atacarle**. Este monstruo es de color azul y en realidad es un animal marino muy **extraño**. Ha soñado tantas veces con este monstruo que incluso le ha puesto nombre. Se llama Billy. En sus sueños, Billy nunca ha llegado a **capturarle**, pero Benjamín sabe perfectamente que lo que este monstruo quiere es llevárselo al mar para que viva toda la vida alejado de sus padres y sus amigos. Es por esto que hay muchas veces en las que a Benjamín le cuesta mucho dormirse, ya que el monstruo marino va a estar esperándole debajo de su cama y en el momento en el que cierra los ojos va a secuestrarle.

- **Atacar: to** attack
- **Extraño:** weird; strange
- **Capturar:** to capture
- **Secuestrar: to** kidnap

Su madre sabe todo lo que le está pasando a su hijo y hay muchas veces que se queda con él en la cama hasta que este es capaz de dormirse. Benjamín siempre le dice a su madre que si está ella a su lado, Billy no aparecerá, porque Billy **tiene miedo** de su madre porque es una persona mayor. En realidad, en los sueños de Benjamín, Billy es un monstruo muy jovencito, casi un bebé, pero tiene el tamaño de los **dragones** que nos imaginamos los cuentos. Su madre siempre le dice a Benjamín que debería intentar dormirse porque si no, a la mañana siguiente estará muy cansado para ir a la escuela y realizar los deberes de cada día. Pero como a Benjamín le cuesta mucho dormirse, su madre ha decidido llevarlo a un psicólogo de vez en cuando para que esté le ayude con sus problemas.

- **Tener miedo:** to be scared of
- **Dragones:** dragons

El primer día de psicólogo, Benjamín no entiende que está haciendo en ese sitio. Hay mucha gente a su alrededor que le mira porque es un niño muy pequeño para estar en un sitio tan diferente. Inmediatamente, apareció una enfermera que preguntó por el nombre del pequeño y le pidió que le acompañara a una sala en la que iba a estar con muchos más niños de su edad. En esa sala se encontró con dos chicas estaban también cada una con su madre. Una de ellas, se enteró de que tampoco podía dormir por las noches porque tenía un sueño muy parecido al suyo, pero en lugar de ser un monstruo, era un **fantasma** con la **sábana** verde que quería meterla dentro de un armario y que no volviera a salir. Cuando Benjamín se dio cuenta de que había muchos niños que tenían el mismo problema que él, se tranquilizó mucho. Esperó pacientemente con su madre a que el médico le llamará para entrar a la sala, y al cabo de un rato apareció el doctor Ramírez. Este señor le pidió a la madre de Benjamín que por favor le dejase entrar a él solo, porque ya era un niño mayor y tenía que aprender a **superar sus miedos** solo. Cuando entraron a la sala, Benjamín se sentó en una silla de plástico cerca de una mesa de madera en la que se sentó el doctor.

- **Fantasma:** ghost
- **Sábana:** bed sheet
- **Superar los miedos:** to face/overcome one's fears

- Bueno, pequeño, cuéntame cuál es ese sueño horrible con el que dice tu madre que no puedes dormir.

Benjamín le contó toda la historia y estuvieron hablando durante unas horas de ese monstruo. La propuesta del psicólogo fue bastante fácil, le pidió a Benjamín que por favor, la próxima vez que tuviera un sueño así, se acordase de preguntarle al monstruo por qué quería llevárselo al mar.

El niño salió de la consulta muy contento porque, al final, había encontrado a una persona que le iba a ayudar a **superar** esas pesadillas. Unos pocos días después, Billy volvió a aparecer debajo de la cama cuando Benjamín ya se había dormido. Esta vez, en su sueño, en vez de esconderse debajo de las sábanas, Benjamín se puso de pie y se acercó a la cama. -¿porqué quieres llevarme contigo, Billy?- le preguntó Benjamín.

- **Superar: to** face something

Al principio el monstruo no respondía, así que Benjamín le pidió que por favor no fuese tan **tímido**. El monstruo salió de debajo de la cama, donde estaba **escondido**, y cuando éste salió, Benjamín pudo **darse cuenta** de qué se trataba de un monstruo del tamaño de un **peluche**, pero él siempre le había tenido tanto miedo que se lo imaginaba como el más grande de los dragones. Nada más lejos de la realidad, Billy era en realidad un monstruo muy pequeño y muy bonito, de un color azul y morado con un montón de pelo y unos ojos muy grandes. Benjamín dejo de tener miedo en ese instante y le pregunto otra vez por qué quería llevárselo al mar contigo. El monstruo volvió a acercarse al niño, y le dijo que no podía decírselo a nadie.

- **Tímido:** shy
- **Esconder: to** hide
- **Darse cuenta: to** realise
- **Peluche:** teddy bear

- Pero yo sé guardar muy bien un secreto - dijo Benjamín.

- Está bien- dijo el monstruo- te lo contaré: Desde hace un tiempo, hay unos pescadores que han venido a instalarse en nuestra parte del mar. Esto ha provocado que un montón de familias de monstruos se hayan ido a vivir a otros países marinos, y todos mis amigos se han mudado con sus padres. Ahora mismo estoy solo, y únicamente estoy despierto por la noche, así que me **aburro** mucho porque no tengo más amigos para jugar. Pero un día te vi en el parque de al lado de tu casa y me di cuenta de que estabas jugando con un montón de otros niños. Entonces empecé a echar de menos las tardes en las que jugaba con mis amigos, y se me ocurrió que si te raptaba alguna que otra noche, a lo mejor yo te gustaba y querías hacerte mi amigo para jugar conmigo. Lo siento mucho si te he **asustado**, nunca ha sido esa mi intención, lo que pasa es que soy muy tímido y no sabía cómo hacer para salir de debajo de la cama. Pensaba que como era un monstruo no ibas a querer jugar conmigo y me ibas a **tener miedo**.

- **Aburrirse: to** get bored
- **Asustado:** frightened
- **Tener miedo:** to be frightened

-¡Por supuesto que no! - dijo Benjamín - al principio me daba mucho miedo porque no sabía quién eras y tampoco sabía lo que querías, pero ahora que lo sé, ya no te tengo miedo, así que si quieres, me puedes llevar al mar para que juguemos un rato, pero tienes que prometer que me devolverás a la habitación a la mañana siguiente. Billy y él firmaron el trato y el monstruo le llevó hasta el mar. Una vez que estuvieron allí, encontraron un montón de maneras para poder divertirse juntos. Jugaron a un montón de cosas.

Además, a Benjamín le vino muy bien para aprender sobre el mundo marino. Cuando sonó el reloj de la mesilla de la habitación de Benjamín, el monstruo y él tuvieron que despedirse de una manera muy rápida, y a Benjamín le dio muchísima pena el no haberse dado cuenta antes, porque esa noche se lo había pasado realmente bien, así que acordaron volver a verse como siempre una vez al mes, pero esta vez sería bastante diferente, porque en lugar de ser una pesadilla, sería un sueño.

RESUMEN:

Benjamín lleva varios años teniendo el mismo sueño por las noches: un monstruo marino viene a su habitación a raptarle para llevarlo al mar. Después de muchas noches asustado, su madre decide llevarle al psicólogo. Este le dice que le pregunte por qué viene a por él, y cuando Benjamín le pregunta, resulta que el monstruo quiere llevarle al mar para jugar con él. Benjamín hace las paces con el monstruo y al final, los dos se van al mar a jugar, se hacen amigos y prometen hacerlo todos los meses.

Benjamín has been having the exact same dream for years: a sea monster comes to kidnap him. His mother takes him to the psychologist after many nights of nightmares. The psychologist asks Benjamín to ask the monster why he comes to take him. When he does, it turns out that the monster only wants to play with him. In the end, they become friends and go to the sea to play together. Finally, they end up promising each other that they will do the same every month.

¿Qué le dice el psicólogo a Benjamín?

Le dice que tiene que aprender a superar sus miedos y que la próxima vez le pregunte al monstruo que por qué quiere llevárselo al mar.

¿Cómo describe a Billy cuando por fin le conoce?

Le describe como un monstruo muy bonito, con pelo azul y del tamaño de un peluche.

¿A qué juegos juegan cuando están debajo del mar?

Juegan a juegos de cartas marinas, al escondite, al pilla-pilla.

La gallina de la anciana
(comidas y cocina)

The old lady's hen (food and kitchen)

Esta vez nuestra historia se sitúa en un pequeño pueblecito cercano al Tíbet. En este pueblo, vivía una anciana a la que le encantaba y tenía por costumbre **cenar** un **huevo** todos los días. No quería **pollos** ni **corderos asados**, tampoco ningún tipo de **verduras**, ni **dulces**. Sólo un único huevo antes de acostarse. Cada mañana, a paso lento y valiéndose de un bastón fabricado con un palo, se dirigía al mercado para comprar un blanquísimo y delicioso huevo de corral que por la noche saboreaba como si fuera el más exquisito **caviar**. Llevaba haciendo eso toda la vida, desde que se había quedado viuda e incluso antes de tener a sus hijos. Todos los días desde hacía años se había ido al pueblo cada mañana en busca de un huevo para cenar por la noche.

- **Cenar: to** have dinner
- **Huevo:** egg
- **Pollo:** chicken
- **Cordero asado:** roasted lamb
- **Verduras:** vegetables
- **Dulces:** sweets
- **Caviar:** caviar

El tiempo fue pasando y, al final, llegó un día en que las piernas, debido a su avanzada edad, empezaron a **flaquearle**. Además, su casa se encontraba en lo alto de una **colina**, y eso significaba que tenía que andar largas caminatas cuesta arriba y cuesta abajo para llegar al **mercado**, sus piernas y sus rodillas no podían soportar mas esos viajes matutinos al mercado. Tener que caminar tanto le resultaba agotador. Por esta razón, decidió romper la hucha de barro que guardaba en un cajón con sus ahorros más preciados y, con sus escasos ahorros, se decidió a comprar una **gallina**.

- **Flaquear: to** get weaker
- **Colina:** hill
- **Mercado:** market
- **Gallina:** hen

— ¡Es un plan perfecto! - pensó la anciana- **Cuidaré** y mimaré a la gallina para que cada día me regale un huevo para cenar ¡Ya estoy muy mayor para ir al pueblo cada día!, y tampoco estaría mal tener algo de compañía de vez en cuando, porque últimamente mis hijos no viene mucho a visitarme y me suelo encontrar un poco sola. Esta será la mejor manera de pasar mis días entretenida, cuidando de un animal que cada mañana me dará mi tan ansiada cena de cada noche. Efectivamente, así lo hizo. Esa mañana se dirigió al mercado como todos los días pero con la **esperanza** de no tener que volver más. Los vecinos se quedaron muy extrañados de verla pasar de la tienda de huevos, e ir directa a la tienda de animales, ya que ella nunca compraba **carne** para la hora de cenar. Una vez que llego a la **tienda**, entabló una conversación con el vendedor, al cual conocía porque había sido el mejor amigo de su hijo de toda la vida, y este le recomendó a la mejor gallina del lugar por ser una persona de tanta confianza para él. Así que la anciana le dio sus ahorros, y se llevó la gallina y regresó a casa.

- **Cuidar: to** take care of
- **Esperanza:** hope
- **Carne:** meat
- **Tienda:** shop

La gallina, que **de tonta no tenía un pelo**, se acostó en un rincón de la cocina donde había un suave cojín. A la viejecita **le hizo gracia** y se lo permitió porque quería que sintiera cómoda y feliz. A partir de entonces, esa gallina iba a ser su más fiel compañera y quería que estuviera contenta para que así le diera huevos todos los días. Así que, además de cederle el mejor lugar de la casa, la alimentó con el mejor **maíz** y todas las noches la tapaba con una manta de lana para que durmiera caliente.

La gallina se sintió muy agradecida desde el primer día, pues vivía como una verdadera reina. Todos los días cuando se levantaba tenía su **cuenco** con maíz de la mejor calidad y dormía y descansaba en el mejor cojín en el que había dormido nunca. Nada tenía que ver su nueva vida con la anciana con la antigua vida que llevaba en la granja con las demás gallinas. Todas las mañanas se acordaba de aquella jaula de metal en la que la obligaban a mantenerse todos los días, sin ver el sol ni poder tener contacto con las gallinas. Por eso le estaba tan agradecida la anciana. Para corresponderla, se esforzaba mucho en poner cada mañana el mejor huevo que era capaz. Nada más salir el sol, la mujer lo recogía con entusiasmo y siempre le daba las gracias por el regalo.

- **No tener un pelo de tonto/a: to** be no fool
- **Le hizo gracia:** found it funny
- **Maíz:** corn
- **Cuenco:** bowl

– ¡Qué ricos están tus huevos gallinita mía, muchas gracias!

La mujer estaba tan contenta y feliz que en una ocasión decidió invitar a cenar a sus mejores amigos del pueblo. Esto también sido una familia muy especial en la vida de la anciana, porque siempre habían estado juntos en todas las circunstancias, y cuando sus hijos todavía vivían en su casa solían ir a cenar todos los fines de semana, por eso quería que esta vez la velada fuera muy especial y todos pudieran comer un huevo de esa maravillosa gallina. Dada la circunstancia, necesitaba que la gallina pusiera seis huevos, uno para ella y cinco para sus **invitados**. Así que no dudó en pedírselos.

– Gallinita, sé buena y dame hoy seis huevos para cenar, por favor.

La gallina callaba y decía que no con la cabeza. La pobre gallina no lo hacía por **cabezonería**, sino porque como todos sabemos las gallinas sólo pueden poner un huevo al día. No pueden poner más, pero como la gallina tampoco puede hablar, no era capaz de explicárselo a la anciana. La gallina trato de explicárselo por todos los medios, intento **cacarear**, **hacer señas** de todo tipo, pero termino por rendirse porque su dueña no era capaz de entenderlo. La anciana, que era bastante ignorante, no conocía esta característica de las gallinas y siguió insistiendo al pobre animal.

- **Invitados:** guests
- **Cabezonería:** stubbornness
- **Cacarear:** to crow
- **Hacer señas:** to make signs

— ¡Venga, gallina, dame seis huevos, que con uno no me basta!

No había nada que hacer. Para la gallina era una misión imposible, algo que iba en contra de su naturaleza. Desconcertada, miraba a la anciana con cara de circunstancias tratando de hacerle entender la situación. Por desgracia, la dueña de la gallina perdió la paciencia y empezó a maldecirla.

Se enfadó tanto, que en un arrebato de ira y creyendo que la gallina guardaba todos los huevos dentro, decidió abrirla y quitárselos todos. Se quedó de piedra y con la cara desencajada cuando comprobó que en su interior no había ni uno.

¿Qué podía hacer? El tiempo apremiaba y los invitados estaban a punto de llegar. La anciana ya era muy mayor como para bajar corriendo otra vez al pueblo y comprar los huevos que le faltaban, así que se fue al **frigorífico** a ver si queda algo que pudiera cocinar.

Allí encontró un poco de **leche**, algunas **patatas**, **pan** y **vino**. Además, todas las **cacerolas** estaban sucias porque se le había olvidado limpiar, y la **olla** estaba ocupada haciendo una **sopa** para el día siguiente, así que lo único que quedaba libre en la cocina para cocinar en el **horno**. Lo único que se le ocurrió fue quitarle las plumas a la gallina, **untarla** con un poco de **aceite** y pimentón, y **asarla** en el horno. Los amigos acudieron puntuales, como de costumbre, y se sentaron a la mesa. Cuando la anciana apareció con la bandeja, uno de ellos comentó:

- **Frigorífico:** refrigerator
- **Leche:** milk

- **Patatas:** potatoes
- **Pan:** bread
- **Vino:** wine
- **Cacerolas:** casserole dishes; pans
- **Olla:** pot
- **Sopa:** soup
- **Horno:** oven
- **Untar: to** spread
- **Aceite:** oil
- **Asar:** to roast

– ¿Gallina para cenar? ¡Qué raro, si tú siempre cenas un huevo!

– Sí, es cierto... He intentado que mi gallina pusiera hoy seis huevos pero como no pudo ser, decidí convertirla en nuestra cena.

Los amigos se miraron sorprendidos y se echaron a reír.

– ¡Vaya **metedura de pata**! ¡Las gallinas ponen un sólo huevo al día! ¡Por no pensar bien las cosas a partir de mañana no tendrás ni una cosa ni otra!

¡Qué razón tenía el vecino! La anciana, por impulsiva, había perdido su gallina y por tanto la posibilidad de cenar un huevo diario ¡**Sin duda** una decisión desastrosa!

Esa misma noche la anciana se sintió muy mal por lo que le había hecho a la gallina. No creía que nunca fuese a perdonarse a sí misma aquel error que había cometido. Entonces, se dio cuenta de que había aprendido una lección sobre la vida. Inmediatamente aprendió de su error y se propuso no volver a hacer las cosas mal, o por lo menos no de esa manera. Esa noche **consultó con la almohada** un sinfín de ideas posibles para poder llevar a cabo la recompensa de su error, hasta que por fin dio con la idea definitiva.

- **Meter la pata: to** make a mistake; to put one's foot in it
- **Sin duda:** without a doubt
- **Consultar con la almohada:** to sleep on it

– ¡Sí, sí, ya lo tengo! ¡Esta vez haré las cosas bien! - se dijo a sí misma-

Así que, al día siguiente acudió al mercado cómo solía hacer cada mañana, y se informó bien de cómo era la puesta de huevos de las gallinas. El vendedor le confirmó que sólo podría obtener un huevo al día y entonces la mujer lo tuvo muy claro: lo mejor sería comprar diez gallinas que le dieran diez huevos cada mañana. A partir de entonces, creó un espacio especial en el jardín de su casa para que pudieran vivir todas las gallinas, y todos los días las alimentaba con el mejor maíz del mercado y las ponía a dormir en los mejores sillones que tenía disponibles. Así fue cómo, a partir de ese día, continuó disfrutando de un riquísimo huevo para cenar. ¿Y los otros nueve? ¡Los guardaba para cuando recibía invitados!

RESUMEN:

En un pueblo, vivía una anciana que todas las noches cenaba un huevo. Un día decidió comprar una gallina para no tener que bajar al pueblo a comprarlo, ya que estaba lejos. La cuidaba muy bien, hasta que una noche, unos invitados vinieron a cenar, y como solo podía poner un huevo, la mató creyendo que no quería darle más de uno. Cuando se dio cuenta de que solo podía poner un huevo diario se arrepintió, y compró diez gallinas en su lugar para compensar la pérdida.

There lived an old woman in a small village, who used to have just a single egg for dinner every night. One day, she decided to buy a hen so that she didn't have to go into the village every day. She took care of it, until one night, some guests came over for dinner and the hen only laid one egg, so the old woman killed the hen thinking that it didn't want to give her more than one egg. When she realised it was because the hen was only capable of giving one egg a day, she regretted it, and bought ten hens that she promised to treat better.

¿Por qué decide la anciana comprar la gallina?

Para no tener que bajar todos los días al pueblo.

¿Por qué se quedan asombrados los invitados?

Porque ella siempre toma un huevo para cenar y ese día les había cocinado una gallina.

¿Qué hace la anciana para intentar remediar su error?

Se compra diez gallinas y las trata mejor que a la primera.

El viejo, viejo vino
(lujos y dinero)

The old, old wine (luxury & money)

Ricardo era un hombre al que todo el mundo de su pueblo conocía especialmente por la cantidad de **dinero** que siempre había tenido. Su familia había sido siempre **rica** gracias al **negocio** de su padre, y cuando él había sido mayor había **heredado** ese negocio y había continuado siendo tan rico como lo habían sido desde que él era pequeño. Durante el transcurso de esta historia, Ricardo residía en una casa enorme, una gran **mansión**, rodeada de hermosos **jardines** diseñados por los mejores jardineros de la ciudad. Vestía con las ropas más **caras** de las mejores marcas, tenía el mejor coche del vecindario y se decía de él que le gustaba mucho ir a restaurantes caros que tenían más de una estrella Michelin. En resumen, Ricardo era uno de esos hombres que disfrutaba dándose los mejores **lujos** que había disponibles.

- **Dinero:** money
- **Rico:** rich
- **Negocio:** business
- **Heredar:** to inherit
- **Mansión:** mansion
- **Jardines:** gardens
- **Cara:** expensive
- **Lujos:** luxuries

Cuando se paraba a pensar en todo lo que poseía, se sentía pletórico de felicidad.

– "¡No puedo ser más **afortunado**! Tengo todo lo que un hombre de cincuenta años puede desear: una hogar lujoso, **criados** que me sirven y dinero a raudales para permitirme el capricho que me dé la gana ¡La verdad es que soy un tipo con suerte!".

Sí, lo tenía absolutamente todo, pero de lo que más orgulloso se sentía era de la vieja **bodega** de vinos que había construido en el **sótano** de su mansión. Ese negocio era el que había hecho famosa a su familia centro del país. Allí, rodeadas de oscuridad, reposaban decenas de botellas de vino que para él eran un auténtico **tesoro**.

- **Afortunado:** fortunate
- **Criados:** servants
- **Bodega:** wine cellar
- **Sótano:** basement
- **Tesoro:** treasure

Entre todas había una muy especial, la que consideraba **la joya de la corona** por ser la más antigua y valiosa. No permitía que nadie se acercara a ella y de vez en cuando bajaba a comprobar que seguía en su sitio. Tenía una verdadera obsesión con aquella botella, incluso había mandado construir una cama en la bodega para aquellas noches en las que no estaba tranquilo pensando que la botella le podría pasar algo. Aquella botella ha tratado como si fuera su propia hija. Se la quedaba mirando, la acariciaba y siempre pensaba lo mismo:

– "Esta botella contiene el mejor vino del planeta y sólo la descorcharé cuando venga a visitarme alguien realmente importante ¡Me niego a desperdiciar este **exquisito** caldo con gente que no lo merece y mucho menos con personas incapaces apreciarlo!".

- **La joya de La Corona:** the most valuable item; the 'crown jewel'
- **Exquisito:** exquisite

Un día pasó por su casa un **hombre de negocios** que gozaba de muy buena **reputación** en la ciudad. Se trataba de uno de estos hombres que se habían dado a conocer en los últimos años, debido a su gran capacidad para los negocios y la facilidad con la que podía hacer rica a una persona, y también a sí mismo, aconsejándola sobre cómo **invertir** en su negocio. Mientras charlaba con él en el salón, se dio cuenta de que esta era la gran oportunidad para descorchar su más preciada botella, lo volvió a pensar, y finalmente decidió bajar a la bodega y compartir este manjar con su nuevo invitado. La idea revoloteó por su cabeza unos segundos, pero rápidamente cambió de opinión y se dijo a sí mismo:

– "¡No, no, será mejor que no! Este caballero no es lo suficientemente importante como para invitarle a beber mi fabuloso vino de reserva… ¡Le daré agua fresca **y santas pascuas**!".

- **Hombre de negocios:** businessman
- **Reputación:** reputation
- **Invertir:** to invest
- **… y santas pascuas!:** …and that's all!

Un par de meses después recibió por sorpresa la visita del **presidente del gobierno** de su país, y por supuesto, le invitó a comer. Tanto para él como para todos era una sorpresa que el mismísimo Presidente quisiera sentarse a comer con Ricardo. Todo transcurrió tranquilamente, hasta que los criados sirvieron el suculento asado. Fue entonces cuando a Ricardo le asaltó el mismo pensamiento que la vez que comió con aquel negociador tan importante.

– "¡Qué **honor** tener al presidente en mi casa! Tal vez debería abrir mi maravillosa botella de vino para acompañar la carne… ¡Bueno, no, la dejaré para otra ocasión! Su ropa es bastante fea y anticuada, así que me temo que un hombre con tan **poco gusto** no va a disfrutar de un vino sólo apto para paladares refinados. Además, quién sabe si este personaje es verdaderamente de fiar o de si va a servir durante mucho tiempo. Todo el mundo sabe que no puedes fiarte de un político, así que no pienso que sea la persona adecuada para compartir un vino tan importante como este. Quizás le ofrezca algo de mí mejor caviar, pero nada más.".

- **Presidente del gobierno:** government's president or prime minister
- **Honor:** honor
- **Poco gusto:** poor taste

Y así fue cómo, una vez más, dejó pasar la oportunidad de degustar su excelente vino en buena compañía. Sin embargo, Ricardo no veía nada de malo en ello porque estaba convencido de que algún día aparecería alguien que fuese digno merecedor de su tan preciada botella.

Llegó el otoño, y una tarde ventosa recibió una carta de palacio que anunciaba que, en unas horas, recibiría la visita del **príncipe** del **reino**. Como es lógico, la idea le entusiasmó y se puso bastante nervioso. Todo tenía que estar perfecto cuando llegara el hombre más **ilustre** que podía pisar su hogar ¡Nada más y nada menos que el príncipe! Preparó sus mejores ropas, pensó en todos los temas de conversación posibles que pudieran darse mientras el príncipe estaba con él, e inmediatamente llamó a los criados.

Cuando los tuvo frente a él, les indicó: – El príncipe almorzará aquí mañana ¡Se presentará a las doce en punto, y tanto la casa como los jardines tienen que estar limpios y lo más **lustrosos** posible! **Por descontado**, no quiero que falte ningún detalle en la mesa ¡Pongan el mantel de encaje, los **platos de porcelana** y las **copas de cristal** reservadas para los **banquetes**!

- **Príncipe:** prince
- **Reino:** kingdom
- **Ilustre:** distinguished
- **Lustroso:** shiny
- **Por descontado:** obviously
- **Platos de porcelana:** porcelain plates
- **Copas de cristal:** crystal glasses
- **Banquetes:** banquets or feasts

El hombre sentía que **el corazón le latía a mil por hora.** Jamás en su vida había estado tan nervioso como se sentía en aquel preciso momento. No paraba de dar órdenes a los criados -¡Y por favor -les decía-, esmérense con la comida! Tenemos que ofrecerle el mejor pescado fresco que encuentren y los postres más deliciosos que sean capaces de preparar ¿Queda claro?

- **Corazón le latía a mil por hora:** being very nervous
- Órdenes: orders

Los sirvientes asintieron con la cabeza y se fueron a toda prisa a organizarlo todo, pues no había tiempo que perder. El príncipe había avisado con muy poca antelación. Estaban verdaderamente preocupados de que no tuvieran tiempo suficiente como para hacer todo aquello que Ricardo les mandaba. Él, mientras tanto, se quedó reflexionando sobre su cotizada botella.

– "¿Será mañana el día más apropiado para servir ese vino?… ¡Se trata del príncipe!… ¿Qué hago, le invito o no le invito?".

La duda que le corroía se esfumó rápidamente:

– "¡Bah, no, me niego! Al fin y al cabo no es un **rey** ni un **emperador**, sino un joven príncipe que se lo va a beber a grandes tragos como si fuera un vino **barato**. Todos sabemos cómo son estos jóvenes de ahora. Y más los príncipes, tan acostumbrados a los lujos y placeres de la Corte, y tan acostumbrados a beber vinos tan semejantes al que pretendo ofrecerle. Hacen, comen y beben las cosas sin pararse a pensar en el valor que tienen, y por mucho que sea el príncipe, no estoy seguro de si es esta la mejor ocasión para abrir la botella, porque me gustaría que fuera alguien que pudiese apreciarla de verdad.".

- **Rey:** king
- **Emperador:** emperor
- **Barato:** cheap

Y así fue que los años fueron pasando y pasando hasta que el hombre se convirtió en un anciano que de viejo se murió. Tanto había esperado la ocasión perfecta para abrir su queridísima botella, que abandonó este mundo sin probarla. La botella continúa guardada en el mismo lugar en el que la había dejado la última vez que pretendió sacarla. Seguía metida en aquel recipiente de cristal del cual era muy difícil sacarla.

La noticia de su fallecimiento **corrió como la pólvora**. Como había sido un hombre rico e influyente en vida, todos sus vecinos y empleados acudieron a su casa para darle el último adiós. ¡En el comedor **no cabía un alma!** Se reunieron decenas de personas y los criados se vieron obligados a bajar a la bodega a por botellas de vino para servir unas copas. Se las llevaron todas, incluida la botella de vino que tan cuidadosamente había guardado su señor durante más de cuarenta años. Y así como todos los vecinos que estuvieron esa noche por su casa, acabaron con todas las botellas de la bodega, y así con toda la riqueza que poseía su familia. De aquella preciada botella solo quedó el envoltorio de vidrio.

- **Correr como la pólvora: to** spread very fast
- **No cabía ni un alma!:** the place was full of people

¡Una verdadera lástima! Quienes lo bebieron no se dieron ni cuenta de que estaban tomando un carísimo vino único en el mundo; para ellos, el vino era simplemente, vino.

RESUMEN:

La posesión más preciada de Ricardo, un hombre muy rico, es una botella de vino de muchos años de antigüedad. Ricardo ha estado toda su vida esperando a que, algún día, alguien le visitase que fuese lo suficientemente importante como para abrir la botella y beberla juntos. Pero ese día no llegó. Ni si quiera un importante hombre de negocios, el presidente del gobierno o el mismísimo príncipe eran lo suficientemente importante. Tras largos años de espera, Ricardo murió sin haber apenas llegado a disfrutar de su botella más preciada.

The most important possession that Ricardo, a very rich man, owns is a very old bottle of wine. Ricardo has been waiting his entire life for somebody important enough to come to his house, so he can open the bottle and drink it with them, but that day never comes. Not even a very important businessman, the president, or the prince himself, are important enough for Ricardo to open the wine. After many long years waiting, Ricardo dies without having opened his most precious possession.

¿Por qué es tan importante para Ricardo la botella?

Porque es muy antigua y es el mejor vino de toda su bodega.

¿Cuándo es la vez que más cerca ha estado de servirlo?

La vez que el príncipe vino a su casa a cenar es cuando estuvo más cerca de ofrecerle el vino.

¿Qué ocurre con la botella de Ricardo cuando se muere?

Que se la toman los vecinos confundiéndola con una botella totalmente normal y sin valor.

La belleza tras las apariencias
(belleza y descripción)

The beauty behind appearances (beauty & description)

Emily tenía 16 años cuando ocurrió esta historia, pero todavía la cuenta como si hubiera sido ayer cuando tuvo una de las experiencias más importante de su vida:

Como todas las mañanas, Emily salía a pasear por el pueblo en el que vivía unos momentos antes de ir al instituto. Le encantaban esos **paseos matutinos**, y los consideraba un gran momento para ponerse a pensar y llegar a clase con la mente ordenada. Caminaba durante 20 minutos aproximadamente y después cambiaba de dirección e iba hacia el instituto. Una vez allí, tenía fama de ser una chica muy **responsable**. Era la típica que siempre llevaba los deberes hechos, estudiaba mucho para los exámenes, salía poco porque tenía pocos amigos, y sobre todo daba la impresión de no haber roto nunca un plato. Le gustaba sentarse sola a la hora del comedor mientras los demás compañeros de su instituto aprovechaban esos breves momentos para **ponerse al día** y pasar un rato juntos.

- **Paseos matutinos:** morning walks
- **Responsable:** responsible
- **Ponerse al día:** to catch up

Emily, sin embargo, prefería pasar esos momentos haciendo otro tipo de cosas. Se sentaba sola con los cascos puestos para que nadie la molestase y leía uno de esos grandes libros de lectura clásica que le recomendaba su profesor de literatura. Ella era bastante feliz con ese modo de vida y nunca se había planteado cambiarlo, ni tampoco que tuviese ningún tipo de problema social. Sin embargo, eso cambió la mañana que se le acerco la psicóloga del colegio a la hora de comer para preguntarle si podía acercarse al despacho del director cuando terminase su comida. Ella asintió y **tan pronto como** dejó el plato se acercó a su despacho. Una vez allí, el director, que no tenía pinta de ser una persona **agradable**, sino más bien **gruñón**, le indicó que por favor se sentase en la silla de delante de él y así lo hizo.

- **Tan pronto como:** as soon as
- **Agradable:** friendly
- **Gruñón:** grumpy

-Emily... -comenzó diciendo el director- no nos cabe duda de que eres una chica excelente y una de las alumnas y las mentes más **brillantes** que han pasado por nuestro instituto, pero la psicóloga del colegio me dijo hace unos pocos días que estaba **preocupada** por tu actitud hacia los otros alumnos.

-¿Qué actitud? -dijo Emily- si apenas me relaciono con ellos, nunca me **meto con nadie** y jamás tengo problemas.

- No, no me refiero a que tengas algún problema con los otros niños, simplemente nos hemos dado cuenta de que pasas demasiado tiempo sola. En nuestro instituto nos preocupamos de que todos nuestros alumnos tengan una buena base de **relaciones sociales**, nos gusta que hagáis amigos y que no paséis tiempo solos, porque sabemos que es importante para vosotros, y por eso nos preocupa que pases tanto tiempo sola, sobre todo a la hora del comedor.

- **Preocupada:** worried/concerned
- **Meterse con alguien:** to cause problems with someone
- **Relaciones sociales:** social relationships

-Pero yo estoy bien -dijo Emily- me gusta pasar tiempo sola, aunque si así lo crees, haré un esfuerzo.

Al día siguiente, a la hora de comer, Emily dio una vuelta alrededor del comedor pensando a qué grupo podría acercarse. El primer sitio que vio libre estaba en una mesa dónde se habían sentado un grupo de chicas. Estas chicas eran muy **peculiares**: Todas tenían **preciosas caras**, el **pelo perfecto**, vestían muy **a la moda** y llevaban maquillaje que parecía sacado de una **revista**. Emily no le dio ninguna importancia a esto y decidió preguntarles si podía sentarse en esa mesa. Se miraron extrañadas entre todas, hicieron un círculo para hablar, y finalmente decidieron que sí podía sentarse con ellas. Lo que Emily no sabía, es que estas chicas le habían permitido sentarse con ellas por su extraordinaria **belleza**.

- **Peculiares:** peculiar
- **Preciosas caras:** beautiful faces
- **Pelo perfecto:** perfect hair
- **A la moda:** fashionable
- **Revista:** magazine
- **Belleza:** beauty

Las demás chicas del instituto estaban muy extrañadas y a la vez tenía mucha **envidia** de que el grupo de las **chicas populares** hubiera dejado a la niña que siempre se sienta sola y que no tiene amigos ponerse con ellas. Al principio, parecía que todo iba bien, hasta que la invitaron a que acudiese con ellas a un **concurso de belleza.**

Ella aceptó porque no tenía otros planes, y esa misma tarde fueron todas al concurso del que habían estado hablando.

Emily nunca había estado en un **entorno** parecido. Ver a todas esas chicas **desfilar** con sus cuerpos perfectos, la **sonrisa sintética**, y esa belleza artificial le provocaba una extraña sensación. Sin embargo, sus nuevas amigas estaban entusiasmadas con el **desfile** y no paraban de hablar de los **conjuntos de ropa** que llevaban puestos esas modelos, y de cuánto nos gustaría estar ellas en ese lugar. Emily no encontraba ninguna razón para admirar todo aquello. No entendía por qué la belleza de una persona tenía que ser tan importante. Ella sabía que era una chica muy guapa, pero nunca le había dado importancia. Estaba muchísimo más atenta de otras cosas, como por ejemplo sus estudios o los libros que leía. También le gustaba mucho el cine y la música, y cuando terminó el desfile decidió intentar hablar con sus nuevas amigas sobre sus aflicciones para ver si tenían cosas en común.

- **Envidia:** envy
- **Chicas populares:** popular girls

- **Concurso de belleza:** beauty contest
- **Entorno:** surroundings or environment
- **Desfilar:** to walk
- **Sonrisa sintética:** synthetic smile
- **Desfile:** fashion show
- **Conjuntos de ropa:** outfits

Cuando les dijo que ella en su tiempo libre prefería estar en casa leyendo un libro a salir de fiesta, sus amigas se rieron y le preguntaron por qué no prefería salir de fiesta y escuchar música, bailar y beber. Ella se dio cuenta de que a sus amigas no les gustaba ninguna cosa de lo que le gustaba a ella. Eran chicas muy normales que lo único que les interesaba era la ropa, la moda, las **apariencias**, y hablar de chicos.

Sin embargo, la mayor sorpresa fue cuando un hombre alto y **trajeado** se les acercó a su grupo y les dijo que pertenecía a una **agencia** que estaba buscando nuevas chicas para ser **modelo**. El grupo de las amigas de Emily estaba muy ilusionado, porque era el sueño de todas ellas. Pero para su sorpresa, este señor se puso a hablar con Emily y le preguntó sí estaría interesada en hacer un casting para su agencia, porque le había parecido la chica más guapa del grupo y cree que tenía un gran futuro como modelo por delante.

- **Apariencias:** appearances
- **Trajeado:** wearing a suit
- **Agencia:** agency
- **Modelo:** model

Emily le pregunto cuál sería su trabajo dentro de esa agencia, y el señor trajeado le dijo que ella simplemente tenía que llevar puesta la ropa de **grandes marcas** de ropa por la calle, **hacerse fotos** con ellas y mandarlas a la revista. A Emily no le interesaba para nada la **oferta** que acababan de hacerle, así que le dijo al hombre que no quería vivir y ganar dinero simplemente por hacerse fotos llevando ropa, porque llevaba mucho tiempo estudiando y quería ganarse la vida como **periodista**.

Sus amigas no daban crédito a lo que le acababa de decir, y estaban tan enfadadas y tan **celosas** que le dijeron a Emily que no querían que volviese a juntarse con ellas.

- **Grandes marcas:** big firms
- **Hacerse fotos:** to take pictures (of oneself)
- **Oferta:** offer
- **Periodista:** journalist

Al día siguiente, Emily volvió a sentarse sola con sus cascos y su libro a la hora del comedor. No volvió a hablar con ese grupo de chicas, y volvía a no tener amigos otra vez. Sin embargo, unos momentos después de sentarse, dos chicas con una ropa muy **extraña**, gafas y una mochila muy llena de libros, aparecieron delante de su mesa y le preguntaron si podían sentarse con ella. Emily les dijo que sí, y estas inmediatamente se sentaron, dejaron su bandeja, abrieron cada uno en su mochila y se pusieron a leer. A Emily me llamó la atención que una de ellas se estaba leyendo un libro que ella había leído ya hace unos años, así que le preguntó si le estaba gustando la lectura.

Al final, resultó que las tres habían leído el libro y hablaron sobre los autores que más les gustaban. Después de hablar de los libros, hablaron de música, también de **cine**, y se lo **pasaron tan bien** que esa misma noche quedaron para ver una película en casa de Emily. Emily no se podía creer que hubiera encontrado a unas chicas que se parecían tanto a ella dentro de ese instituto en el que había estado casi toda su vida. Le parecía casi imposible, pero se alegraba mucho de haber conocido a las chicas **superficiales** y haberse dado cuenta de que ella no quería juntarse más con ellas.

- **Extraña/o:** odd
- **Cine:** cinema
- **Pasarlo bien: to** have a good time
- **Superficial:** superficial

Desde ese día, Emily y su nuevo grupo empezaron a sentarse juntas en el comedor, a ponerse juntas para hacer los trabajos, y poco a poco se terminaron haciendo inseparables. Con el paso del tiempo, esas tardes en las que quedaban para ver películas o hablar de libros se fueran haciendo rutinarias, y terminaron desarrollando una amistad muy fuerte entre las tres.

Aquel grupo de chicas superficiales con el que Emily solía juntarse, las miraban raro cada vez que las veían entrar, pero Emily sabía perfectamente que lo hacían porque todavía estaban celosas de que fuera más guapa que ellas. A Emily esas cosas no le importaban, porque no le daba ninguna importancia a la belleza y simplemente quería encontrar amigas con las que pasárselo bien y tener cosas en común. Al final, se dio cuenta de que el director del colegio tenía razón, y de que a veces es importante encontrar a gente que comparte tus aficiones, porque pueden resultar un apoyo muy grande en determinadas situaciones.

RESUMEN:

Emily no tiene muchos amigos en el instituto, pero eso nunca ha sido un problema para ella hasta que, un día, el director la llamó a su despacho para pedirle que se juntase con más gente. Esa tarde se hizo amiga de un grupo de chicas muy superficiales, y tras un concurso de belleza, se da cuenta de que no es ese el tipo de gente con la que se quiere juntar. Cuando parecía que no iba a tener amigos, por casualidad conoce a dos chicas con sus mismos gustos y aficiones.

Emily doesn't have many friends at high school, but that's never been a problem for her until, one day, the headmaster calls her into his office to ask her to talk to her classmates. That day, she becomes friends with a group of very superficial girls, and after a beauty contest, she realises that they're not the kind of people she wants to be with. When it looks like she will never have any friends, she meets two girls with the exact same tastes and hobbies as her.

¿Por qué el director llama a Emily a su despacho?

Para pedirle que haga nuevos amigos, ya que es necesario para tener buenas relaciones sociales.

¿Cómo describirías a las antiguas amigas de Emily?

Son chicas muy superficiales, que lo único que les importa es estar guapas y hablar de chicos.

¿Cómo son las nuevas amigas de Emily?

Son chicas con muchas aficiones y gustos muy parecidos a los de Emily.

Las luces de la sabiduría
(tiempo meteorológico y descripción)

The lights of knowledge (weather & landscape description)

En un pequeño y lejano pueblo de un país muy lejano, vivía un niño de alrededor de 7 años que se llamaba Eric. Sus padres siempre habían trabajado en el campo, durante largas **jornadas**, ya que vivían en un pueblo que se mantenía gracias a la **agricultura**, así que los tres trataban de **salir adelante** como podían y sin poder permitirse ningún tipo de lujo. Vivían en una casa pequeña los tres y eran una familia muy trabajadora, que además estaba muy **orgullosa** de su hijo. Pero solo tenían algo de comida y un techo bajo el que dormir, nada más.

El joven matrimonio soñaba con que algún día su hijo Eric pudiera estudiar. Ambos tenían muy claro que no querían para él la vida que ellos llevaban y aspiraban a que tuviera un futuro más **prometedor** en la ciudad. Por eso, estaban siempre muy pendientes de que Eric hiciera los deberes de la escuela, estudiase, y algún día pudieses llamar a tener los estudios y el futuro que a ellos les hubiera gustado haber tenido. Todas sus esperanzas estaban puestas en su pequeño hijo.

- **Jornadas:** working hours
- **Agricultura:** agriculture
- **Salir adelante:** to get ahead
- **Orgullosa/o:** proud
- **Prometedor:** promising

Eric, consciente de esto, era un chico bueno, **aplicado**, inteligente y **estudioso**. Le gustaba mucho ir a la escuela y estudiar y aprender cosas nuevas. Sobre todo, era un gran apasionado de las ciencias y todo lo que estuviera relacionado con la **naturaleza** le fascinaba. Estaba seguro de que de mayor iría a la universidad y terminaría siendo un gran **científico**. Siempre intentaba sacar las mejores notas en la escuela, pero cada día se encontraba con un problema que le ponía las cosas todavía más difíciles. Durante el día ayudaba a sus padres en las labores del campo, porque éstos tenían demasiado trabajo para ellos dos solos, y justo cuando terminaba y quería ponerse a estudiar, ya era de noche. Esto resultaba un gran inconveniente para él porque en su **cabaña** de **madera** no había **luz artificial**, y tampoco solían contar con muchas velas para gastar porque no tenían dinero suficiente.

- **Aplicado:** responsible
- **Estudioso:** studious
- **Naturaleza:** nature
- **Científico:** scientific (adj.) or scientist (noun)
- **Cabaña:** cottage
- **Madera:** wood
- **Luz artificial:** artificial light

Eric estaba **desesperado**. Quería estudiar y sin luz no podía leer. Deseaba aprobar los exámenes de la escuela y con los años poder ir a la universidad, pero mejorar su educación a oscuras era totalmente imposible durante el invierno y el otoño.

Un año llegó el crudo invierno, con sus días más cortos y más oscuros, la **lluvia**, la **nieve**, el **viento** y el **frío**, y una noche se asomó a la ventana para ver el fabuloso **paisaje nevado**. Estaba ensimismado cuando se dio cuenta de que la nieve emitía una luz blanca muy tenue, muy bella pero casi imperceptible.

- **Desesperado:** desperate
- **Lluvia:** rain
- **Nieve:** snow
- **Viento:** wind
- **Frío**: cold
- **Paisaje nevado**: snowy landscape

Eric, que era un niño muy inteligente, tuvo una magnífica idea y decidió aprovechar esa pequeña oportunidad que le brindaba la naturaleza. Así que fue corriendo a decirle a su madre que necesitaba salir afuera para estudiar. Ella al principio no comprendió porque quería salir, pero tras haberle explicado su idea, su madre cambio de opinión y le pidió que tuviera cuidado, y que por favor, no llegase tarde para cenar. El niño le dio un abrazo y un beso, le dio las gracias y volvió a su habitación para prepararse. Se puso un viejo **abrigo de lana** que encontró en uno de los armarios de su padre, se calzó sus estropeadas **botas de cuero**, cogió el material del colegio con los libros y el estuche, y salió de la habitación caminando muy despacio para no hacer ruido.

La **capa de nieve** era muy **espesa** y hacía mucho frío pero, a pesar de todo, se tumbó sobre ella. Abrió uno de sus libros y gracias a la **luz blanquecina** que **reflejaba** la nieve pudo leer y aprovechar para aprender. El frío era **infernal** y sus manos estaban tan **congeladas** que casi no podía pasar las páginas, pero no le importaba porque sentía que merecía la pena el esfuerzo. Algún día, pensaba, se acordará de estos momentos y se agradecerá a sí mismo el haber hecho este esfuerzo que le llevaría al éxito con el que sus padres siempre habían soñado. Habiéndose convencido a sí mismo, permaneció allí durante toda la noche, y como esa, también durante todas las noches del invierno.

- **Abrigo de lana:** woolen coat
- **Botas de cuero:** leather boots
- **Capa de nieve:** snow layer
- **Espesa/o:** thick
- **Luz blanquecina:** white light
- **Reflejar:** to reflect
- **Infernal:** horrible
- **Congelado:** frozen

Poco a poco, el tiempo fue pasando rápidamente y un día maravilloso, los **rayos de sol** de la recién llegada primavera, **derritieron** la nieve. El pobre Eric observó con lágrimas en los ojos cómo su única oportunidad de poder estudiar se disolvía ante sus ojos sin remedio. Sin embargo, pensó que debería encontrar alguna otra forma tan inteligente como la anterior para poder estudiar otra vez, mientras esperaba que llegase el verano y los días fuesen más largos, y tuviera luz. Ese mismo día después de cenar se acostó, pero debido a la preocupación no pudo dormir. Harto de dar vueltas y más vueltas en la cama decidió salir a **dar un paseo** por el **bosque** en el que había pasado tantas horas en vela. La visión que tuvo fue increíble. No solo por las preciosas flores que había traído la primavera y el maravilloso paisaje de la **colina verde**, los animales, y el **río** que había vuelto a **fluir**. También contempló emocionado cómo la primavera se había llevado la nieve, sí, pero a cambio había traído un montón de **luciérnagas** que iluminaban y embellecían las cálidas noches de marzo.

- **Rayos de sol:** sun rays
- **Derretir:** to melt
- **Dar un paseo:** to go for a walk
- **Bosque:** forest
- **Colina verde:** green hill
- **Río:** river
- **Fluir:** to flow
- **Luci**érnaga: firefly

Se quedó un rato **pasmado** ante el hermoso espectáculo y de repente, tuvo una nueva gran idea. Entró corriendo a su cuarto, cogió los libros y regresó al bosque. Se sentó bajo un árbol enorme y dejó que las luciérnagas se acercasen a él. Al principio estás no querían acercarse, así que tuvo que inventarse alguna manera para que éstas se sintieran **atraídas** hacia él y pudieran darle luz. En invierno había estado leyendo un libro sobre **animales voladores**, y también había estudiado las luciérnagas. Se le ocurrió que si volvía a casa y hacía una **trampa** con un montón de materiales para que ellas pensaran que era comida, estas se pondrían a volar alrededor de la comida y tendría algo parecido a una lámpara de luciérnagas.

- **Pasmado:** bewildered
- **Atraída:** attracted
- **Animales voladores:** flying animals
- **Trampa:** trick

Así que eso mismo hizo. Volvió a la cocina, cogió una de aquellas pelotas con las que ya no jugaba tan a menudo y la llenó de **miel** y de otras cosas dulces. Al principio, estaba preocupado de que toda la miel que tenían fuera a gastarse, así que fue a su madre y le contó el plan que había tenido para poder explicarle por qué quería la miel y pedirle permiso para usarla. La madre, que era muy **comprensiva**, entendía perfectamente cuáles eran los motivos por los que su hijo estaba tan preocupado. Entendió que Eric necesitaba tener un gran futuro y que su familia debía estar allí para apoyarle y ayudarle en todo momento. Así que le dijo que no pasaba nada, y que tomara tanta miel como necesitase.

- **Miel:** honey
- **Comprensivo:** understanding

Dicho esto, Eric cogió la pelota más algo de miel y se la llevó al sitio donde estaban las luciérnagas. Una vez allí, se subió a un árbol y **ató** la pelota con miel cerca del suelo, **colgando**, como si se tratase de una **lámpara** de verdad. A los pocos minutos empezaron a aparecer grupos y grupos de luciérnagas, que con la luz que emitían le dieron a Eric la capacidad para leer y poder estudiar. Este se convirtió en su plan de estudio durante la primavera. Una noche tras otra repitió la misma operación y estudió bajo la brillante luz de los amigables bichitos. Gracias a eso pudo aumentar sus conocimientos y avanzar muchísimo en sus estudios. El chico era pobre y no tenía recursos, pero gracias a su sacrificio, esfuerzo y voluntad, consiguió superar una **barrera** que parecía insalvable.

- **Atar:** to tie
- **Colgar:** to hang
- **Lámpara:** lamp
- **Barrera:** barrier

Durante años estudió sobre la nieve en invierno y con ayuda de las luciérnagas en los meses de primavera y verano. El resultado fue que consiguió superar todas las pruebas y exámenes de la escuela con calificaciones brillantes. Todo el mundo sabía que se trataba de un chico brillante, y continuó sacando esas calificaciones incluso cuando llegó a la universidad. Una vez allí conoció a un montón de personas con las que tuvo muchas amistades. Una de ellas fue un profesor muy famoso que se interesó mucho en su historia, y cierto día le propuso escribir un libro contando su experiencia para estudiar cuando era pequeño. De esta manera, Eric fue capaz de sacar de la ruina a su familia y poder vivir acomodadamente. Además su historia llegó a los oídos de muchos niños que estudiaban en las mismas situaciones que él, y pudo ayudarle a conseguir un futuro mejor gracias a la fuerza y el apoyo que le dio su libro. Eric terminó siendo un gran escritor famoso e incluso un premio Nobel gracias a sus trabajos en el campo de la naturaleza y el estudio de los animales. Al final, como todos sabemos que ocurre cuando queremos hacer las cosas bien, la vida no solo recompensó a Eric, sino también al resto de su familia.

RESUMEN:

Eric es un niño de familia muy pobre, cuyo único deseo es poder estudiar en el colegio para ir a la universidad algún día y sacar a su familia de la ruina. Como tiene que trabajar de día, por la noche no tiene luz en casa para estudiar bien, así que inventa dos maneras para conseguir luz: en invierno, gracias a la luz que refleja la nieve, y en primavera gracias a la luz que emiten las luciérnagas, haciendo una trampa para atraerlas y así crear una lámpara de luciérnagas.

Eric's a child from a very poor family, whose only wish is to be able to study at school and go to college some day in order to get his family out of poverty. As he has to work during the day, at night there's no light in his house to study properly, so he thinks of two different ways to have light: in winter, it's thanks to the light reflected by the snow, and in spring he tries to snare the fireflies into one place, so that he can have a firefly lamp.

¿Por qué Eric no puede estudiar de noche?

Porque en su familia son pobres y no pueden tener luz artificial

¿Qué se le ocurre hacer para estudiar en invierno?

Tumbarse sobre la nieve y ver con el reflejo blanquecino de la luz.

¿Cómo hace para estudiar en primavera?

Haciendo una trampa para atraer a las luciérnagas y que éstas le den luz.

La historia de Pedro
(familia y guerra)

Pedro's story (family & war)

Era un joven estudiante de Instituto, y aproximadamente tendría catorce años. Como todos los días, cuando salía del colegio iba directo a casa de mis abuelos, estaba en casa con ellos y me **cuidaban**, ya que mis padres trabajaban. Así que todos los días ellos nos recogían a mis hermanos y a mí. Comíamos todos juntos en casa, viendo la tele o hablando todos juntos. Cuando terminábamos de comer, hacíamos los deberes que nos habían mandado en el colegio hasta que llegaban nuestros padres de trabajar para volver a llevarnos a casa.

–¡David!, ¿A dónde estás mirando, hijo?- escuché decir a una voz detrás de mí.

Levanté la cabeza y observé que mi **abuelo** estaba llamándome la atención, ya que tenía la mirada perdida.

–Perdona abuelo -le dije- estaba pensando, hoy en clase de Historia hemos estado estudiando la **Guerra civil** española y pensaba en cómo pudo pasar, en cómo se pudo llegar a esos **extremos**.

- **Cuidar:** to look after someone or something
- **Abuelo:** grandfather
- **Guerra Civil:** civil war
- **Extremos:** extremes or edges

Mi abuelo era un hombre muy interesante. Le gustaba mucho **contar su vida**, pero también le gustaba escuchar a los demás y aprender cosas. Entonces, me di cuenta de que me miraba con una sonrisa en la cara.

—La guerra civil es un tema muy interesante, David, un tema muy interesante. Ahora mismo te veo algo cansado, así que si quieres, y para que te relajes un poco, podría contarte una historia que hace tiempo me contó mi padre, sobre dos amigos y la Guerra civil española.

- **Contar su vida**: to talk about his life

Mi abuelo era un gran narrador de historias, siempre le gustaba contarnos cosas de cuando él era **joven**, y en Navidad toda la familia nos reuníamos para que después de cenar nos contase una bella **anécdota** de cuando él tenía nuestra edad. A veces, mis amigos venían a casa a **merendar** y siempre les gustaba sentarse alrededor del sillón de mi abuelo para escucharle hablar, porque era muy interesante aquello que nos contaba.

—¡Claro que sí, abuelo!, -le contesté muy alegre- Ahora mismo estoy empezando a cansarme de tanto estudiar. Estoy seguro de que un poco de **descanso** me vendría bien, y me encantaría volver a escuchar una de tus historias.

- **Joven:** young
- **Anécdota:** story or anecdote
- **Merendar:** to have lunch
- **Descanso:** rest

Así que me puse de pie y dejé mis libros encima de la mesa. Fui a sentarme justo a su lado, para poder escuchar con toda la máxima atención que podía poner.

—Todo ocurre en el año 1937, en una **batalla** conocida como la Batalla de Guadalajara. Este fue el último intento del **bando sublevado** de tomar Madrid y sólo una semana después de su final, se inició la **campaña del norte**. En el **bando nacionalista** había un joven perteneciente a la XII **compañía de acorazados** llamado Pedro Sánchez López. Este chico tendría unos 21 años, y era muy guapo y atractivo físicamente. Tenía los ojos azules y era bastante alto.

- **Batalla:** battle
- **Bando sublevado:** revolted side
- **Campaña del norte:** northern campaign
- **Bando nacionalista:** nationalist side
- **Compañía de acorazados:** battleship Company

El 10 de marzo de 1937 se realiza un **avance** del bando contrario que fue apoyado por parte del **ejército** italiano, y, sin éxito, llegada la noche comienza a llover. Llovió tanto que todo el agua encharcaba los caminos, convirtiéndoles en **lodo** y **barro**. Entonces todos los vehículos quedaron bloqueados, y todos los **soldados** tuvieron que empezar a andar y avanzar a pie. Pedro era uno de los soldados que iba en la parte de delante. La batalla comenzó por la tarde, se oían **disparos** de **fusiles** y sonidos de guerra, **explosiones** de granadas que iluminaban el anochecer, gritos de jóvenes perdiendo la vida, gritando dolorosamente, intentando pedir ayuda a quien pudiera escucharles.

- **Avance:** advance
- **Ejército:** armed forces or army
- **Lodo y barro:** mud
- **Soldados:** soldiers
- **Disparos:** shots
- **Fusiles:** light muskets (guns)
- **Explosiones:** explosions

Pedro estaba **escondido** detrás del árbol porque tenía muchísimo miedo. En ese momento, observó el movimiento de una sombra que corría escondiéndose entre los árboles, y le pareció que pertenecía al **bando contrario**. Las **bombas** caían sobre su cabeza sobrevolando el cielo, mientras Pedro miraba **aterrado** los **aviones**. Todas las personas que estaban viviendo esa guerra, querían que se acabara cuanto antes. Nadie quería continuar en esa situación tan horrible. En ese momento, sin saber cómo, levantó su fusil con las manos **temblorosas** y apuntó con él a la **sombra** que había visto unos momentos antes escondiéndose entre los árboles. Y pensando que era el **enemigo**, cerró los ojos y apretó el **gatillo** del **arma**. En ese momento, una luz iluminó el rostro que mataba. Pudo ver claramente la mirada del joven soldado al que acababa de matar, con los ojos ya vacíos de vida.

- **Escondido:** hidden
- **Bando contrario:** enemy's side
- **Bombas:** bombs
- **Aterrado:** frightened
- **Aviones:** planes
- **Temblorosas:** shaking
- **Sombra:** shadow
- **Enemigo:** enemy
- **Gatillo:** trigger
- **Arma:** gun

En ese momento y lleno de remordimientos corrió hacia él. Llegó corriendo y **cansado**, y se acercó hasta el cuerpo del hombre. Cuando vio la cara de aquel chico se llevó una gran sorpresa. No era un soldado enemigo, sino que era su amigo José. Pedro y José se **criaron** juntos en el mismo pueblo desde que eran pequeños. Desde siempre habían sido los mejores amigos. Siempre estuvieron juntos, hasta que José se tuvo que marchar del pueblo a buscar **trabajo** y no volvió a saber de él hasta hoy. Ahora se encontraba **muerto** a sus pies, asesinado por su mejor amigo de la infancia.

- **Cansado:** tired
- **Criar:** to raise
- **Trabajo:** job
- **Muerto:** dead

A la mente de Pedro regresaron aquellos recuerdos de **niñez** de cuando jugaba con él a soldados y a **trincheras**. No le costó reconocerlo, su mirada era la misma que la de su **juventud**, ambos estaban metidos en una guerra sin quererlo, y ahora el juego era real y su amigo estaba muerto. Pedro no podía creer lo que había hecho. Le hubiera gustado volver a hace diez minutos y no haberle matado nunca. Quería irse con su amigo José, las lágrimas caían por sus mejillas y su corazón estaba lleno de **dolor**. Estaba **horrorizado**. Entonces, Pedro aprendió que nunca nos damos cuenta del gran mal que provocamos, mientras velaba el cuerpo de su amigo, a su mente le llegaba la siguiente reflexión:

- **Niñez:** childhood
- **Trincheras:** trenches
- **Juventud:** youth
- **Dolor:** pain
- **Horrorizado:** horrified

"Este mundo está loco, ¿Cómo podemos matarnos entre nosotros por unos simples **ideales**? Deberíamos darnos cuenta lo que de verdad importa no es lo que el otro piensa, sino lo que nos aporta, la **sociedad** debería aprender el concepto de respeto, amistad, y el más importante, el de la unión como hermanos sin que importen las ideas, religiones, razas, antes de que acabemos con nosotros mismos y con la **humanidad**".

La muerte de José marcó para siempre la vida de Pedro. Para Pedro, cuando acabó la guerra, fue muy difícil adaptarse a la vida de siempre, en el pueblo de siempre, y pensar que no iba a volver a ver a su amigo nunca más. Todos los días cuando se despertaba, deseaba que ojalá no hubiera pasado. Todas las noches **rezaba** para poder volver a aquella noche y poder cambiar lo que había ocurrido, pero sabía que eso no iba a ser posible.

- **Ideales:** ideals
- **Sociedad:** society
- **Humanidad:** humanity
- **Rezar:** to pray

A mí esa historia de mi abuelo me marcó muchísimo, y cuando éste terminó de contarla, yo estuve callado porque no podía decir nada, hasta que mi abuelo **rompió el silencio** y me habló.

– ¿Qué te ha parecido hijo?, bonita eh, ¿has entendido el mensaje?

Yo quería contestarle, pero no podía ni hablar. El cuento que me había contado me acababa de dejar **impresionado**, sin palabras,

asombrado, y un sentimiento de **tristeza** que llenaba mi corazón. Nunca había oído una historia tan triste como aquella.

–Ha sido increíble abuelo, sí claro que he entendido su mensaje, la vida es preciosa. Tenemos que aprender a respetarnos los unos a los otros, sea quien sea. Muchas gracias, abuelo, tus historias son siempre **sorprendentes**.

- **Romper el silencio: to** break the silence
- **Impresionado:** impressed
- **Asombrado:** astonished
- **Tristeza:** sadness
- **Sorprendentes:** surprising

En ese momento, la puerta de la casa se abrió como todos los días a la misma hora, y aparecieron mis padres, muy sonrientes, para llevarnos a casa otra vez y disfrutar de la tarde de viernes que teníamos por delante.

–Vamos chicos, vámonos para casa, que ya es tarde, dad un beso a los abuelos, venga vamos - Dijo mi madre, metiéndonos prisa como siempre.

Antes de irme, volví a acercarme a mi abuelo para darle las gracias por la comidas y por la historia que me acababa de contar.

–Abuelo, gracias por todo -le dije- solo tengo una pregunta más, ya que nunca me has hablado de él. ¿Cómo se llamaba el **bisabuelo** que te contó la historia?- le pregunté.

- **Bisabuelo:** great-grandfather

Mi abuelo se quedó callado por unos momentos. No sabía si contestarme o no contestarme, pero de repente, se armó de valor, me cogió de un hombro y mirándome a los ojos, me dijo:

-Pedro. Tu bisabuelo era Pedro, el de la historia que te acabo de contar.

RESUMEN:

Cuando nuestro protagonista va a casa de su abuelo, siempre le gusta que este le cuente una historia de guerra. En esta ocasión, su abuelo le cuenta la historia de dos amigos de la infancia que se van a luchar durante la guerra civil española, pero no saben que ambos están en la misma batalla y en bandos contrarios. Pedro, el protagonista de su historia, confunde a su amigo con un soldado normal del bando contrario y le mata, pero cuando se da cuenta de que es su amigo José, se arrepiente.

When our main character goes to his grandfather's house, he always likes listening to his stories. This time, his grandfather tells him about a time when two friends from childhood went to fight in the Spanish Civil War, but they didn't know that they were fighting the same battle on opposing sides. Pedro, the main character from his grandfather's story, mistakes his friend, José, for an unknown soldier from the opposition and kills him accidentally. In the end, he finds out and regrets what he's done.

¿Por qué va todos los días el protagonista con sus abuelos?

Porque sus padres no pueden cuidar de él porque trabajan.

¿En qué bando estaba el amigo de Pedro?

En el bando nacional.

¿Quién era Pedro en realidad?

El bisabuelo del protagonista.

Viernes 7 de diciembre
(sueños y realidad)

Friday 7th December (dreams & reality)

Parecía una mañana como otra cualquiera. Desde la ventana podía verse la calle. Estaba llegando el otoño y la gente salía de sus casas un poco más abrigados de lo normal. Me desperté por el ruido de un teléfono que no dejaba de sonar. Abriendo los ojos me di cuenta de que estaba **tumbada** en mi cama, en mi habitación, pero no podía recordar cómo había llegado hasta aquí. Tenía un dolor horrible de cabeza. Cuando desperté, **todo daba vueltas** a mi alrededor. Me levanté lentamente. Había **numerosas** botellas de bebida repartidas por el suelo. Algunas son de ayer, otras llevan ahí días, pero están empezando a ocupar toda la habitación.

- **Tumbado:** lying
- **Todo daba vueltas:** when someone is sick/the room was spinning
- **Numerosas:** a lot or many

Esto no puede seguir así –pensé. Tenía que dejar de beber, pero **se había vuelto una costumbre** que ya no podía controlar. El cuerpo me lo pedía como si se tratase del desayuno de cada mañana. Era la costumbre, a todas horas. Era una **adicción**. Fui a coger el teléfono, que no había parado de sonar, pero cuando estaba justo a punto de alcanzarlo, ya habían **colgado**. Qué sensación tan extraña tenía aquel sábado por la mañana. Una vez que me levanté, desde allí, de pie, pude observar toda mi habitación: estaba hecha un completo **desastre**.

Debí llegar en muy malas condiciones anoche. Mi **bolso** estaba tirado en la puerta. Toda la ropa estaba tirada por el suelo, encima de la silla, o debajo de la cama. En el escritorio había restos de vasos y comida, cerca de los libros que me había prometido a mí misma que leería algún día, pero no había empezado ni si quiera.

- **Se había vuelto una costumbre:** it had become a habit
- **Adicción:** addiction
- **Colgado:** hung up
- **Desastre:** disaster
- **Bolso:** purse/handbag

Fui a comprobar que no faltaba nada. La **cartera**, las **llaves**. Comprobar que estuviera todo lo importante me tranquilizó un poco. No **eché nada en falta**, así que fui al baño a darme una ducha de agua caliente. Al llegar al baño me miré en el **espejo**. El maquillaje estaba corrido por mis ojos, y delataba que había estado llorando. Empecé a sentir un **martilleo** en la cabeza parecido al dolor que tenía cuando me había levantado. No podía recordar casi nada de lo que había pasado o de lo que había hecho la noche anterior, y no podía evitar que esa sensación me preocupara. Incluso sentí **una pizca de** miedo.

- **Cartera:** wallet
- **Llaves:** keys
- **Echar algo en falta:** to miss something
- **Espejo:** mirror
- **Martilleo:** hammering
- **Una pizca de:** a little bit of

Mi única esperanza era pensar que no había hecho nada de lo que pudiera arrepentirme. Pero algo me decía que no era así. Yo tengo **presentimientos** como este muy a menudo. Son algo así como **sensaciones** de que algo va mal, o de que va a ocurrir algo que no va a gustarme. Mientras pensaba en qué pudiera ser aquello que me preocupaba, intentaba **recoger** un poco mi habitación y de repente, llamaron a la puerta. Desde la ventana de la puerta pude comprobar que eran dos hombres vestidos de azul, pero no distinguí bien de quien se trataba hasta que abrí la puerta. Era la policía: estaban preguntando por mí.

–No puedo recordar nada. Ya se lo he dicho.

Hubo otro silencio **incómodo** entre los agentes y yo en aquella **sala**.

Empezaba a cansarme, era ya la cuarta o quinta vez que me hacía la misma pregunta, y siempre obtenía la misma respuesta. El **agente** tenía una expresión muy seria en la cara. Creo que estaba **enfadándose**, y me daba la **impresión** de que además estaba empezando a perder la paciencia conmigo.

- **Presentimiento:** feeling
- **Sensaciones:** sensations
- **Recoger:** to tidy up
- **Incómodo:** uncomfortable
- **Sala:** room
- **Agente:** agent or police officer
- **Enfadándose**: getting angry
- **Impresión:** impression/feeling

–Se lo diré por última vez –dijo despacio el policía, pronunciando cada sílaba como si fuera una **amenaza** – ¿Dónde estaba usted la noche del 7 de diciembre?

Cerré los ojos. Estaba esforzándome por intentar recordar algo: el más mínimo **indicio** me recordaría que pasó anoche, pero **no era capaz.** Cada vez que intentaba recordar, veía una gran laguna en lugar de recuerdos. No podía parar de **retorcerme los sesos**, pero tampoco era capaz de acordarme de ningún mínimo detalle. El policía suspiró.

–Creo que no es consciente de la gravedad de la situación. -dijo el policía- señorita, por favor, le agradeceríamos que hiciera algún esfuerzo por recordar lo que sea. Cualquier cosa. El más mínimo detalle sería para nosotros de gran utilidad.

–Tampoco nadie ha venido a explicarme nada –dije.

- **Amenaza:** threat
- **Indicio:** sign
- **No era capaz:** wasn't able
- **Retorcerme los sesos:** wrack my brains

Nada mas llegar los policías a mi casa, sin pronunciar ni media palabra, me habían guiado hasta aquella sala vacía, con la intención de hacerme un interrogatorio sobre un asunto que yo desconocía por completo. No había nadie más en la **comisaría** a esas horas de la mañana, solo estaba yo.

–Abigail Torres, al parecer es una amiga suya, y está **desaparecida** desde ayer. Tenemos a varios **testigos** que hemos encontrado, y todos ellos nos confirman que la última vez, fue vista contigo: al parecer, se dirigían a los alrededores de la ciudad.

Esa noticia me dejo en shock. Mi mejor amiga, Abi, estaba desaparecida, y yo no podía hacer nada para ayudarla. Ojalá pudiera recordar cualquier detalle que fuera de utilidad para ayudarla, pero no podía. **Se me inundaron los ojos de lágrimas.** ¿Qué había pasado?

- **Comisaría:** police station
- **Desaparecida/o:** missing
- **Testigos:** witnesses
- **Se me inundaron los ojos de lágrimas:** suddenly I wanted to cry/ my eyes filled with tears

Cerré los ojos y me calmé. Poniéndome histérica no iba poder ayudar a nadie, eso estaba claro. Así que respiré profundamente y me concentré todo lo que pude. De repente, gracias a la información de la policía y como si hubiese sido un **milagro**, recordé estar en el coche de Abi. Ella conducía. Estaba muy emocionada porque me iba a presentar a su nuevo **novio**, Miguel, del que no había parado de hablar en las dos últimas semanas. Se lo conté al policía. Me escuchó atentamente: por fin empezaba a recordar algo en las dos horas que llevábamos en la comisaría. Sin embargo, al acabar, se levantó y salió de la sala: me dejó allí sola con mis pensamientos. No pude evitar que se me pasara por la cabeza la idea de que Miguel le había hecho daño a Abi. Todavía no le había conocido y no tenía ninguna imagen de él, pero siempre que ocurre algo **tendemos a pensar** que ha sido aquel al que no conocemos.

Empecé a sospechar, ya que **esa idea cobraba mucho sentido** en mi cabeza. Fuimos las dos a verle... Y al llegar él era amable, simpático. Pero en algún momento **la noche se torció**. Recuerdo una pelea. Lo más probable es que discutieran por cualquier tontería, pero luego me acordé de que se estaban gritando, tanto que yo quise salir de allí cuanto antes. Me fui de la casa de Miguel gritando para que se dieran cuenta de que estaba enfadada.

- **Milagro:** miracle
- **Novio:** boyfriend
- **Tendemos a pensar:** we tend to think
- **Esa idea cobra mucho sentido:** that idea seems possible
- **La noche se torció:** something started to go wrong

Mientras me marchaba podía oír como Miguel me gritaba para que volviera. Pero no lo hice. ¿Y si con eso sólo conseguí **cabrearle** aún más? Con un **escalofrío**, miré el teléfono. La llamada perdida era de Miguel. Al ver esa llamada sentí mucho miedo. Fui **presa del pánico**, y grité con todas mis fuerzas. El policía entró en la sala y me agarró por los hombros; intentaba tranquilizarme pero no podía. Estaba completamente segura de que el destino de mi amiga estaba a manos de Miguel. Sentía que estaba en peligro. En medio del **delirio**, el policía llamó a los médicos de la comisaría. El médico, nada más llegar, al ver la situación me inyectó un calmante en el brazo, lo que hizo que perdiera la consciencia durante unas horas.

- **Cabrearle:** to make him mad
- **Escalofrío:** shiver
- **Ser presa del pánico:** to be horrified
- **Delirio:** delirium

Dormí durante un rato y eso me ayudó a estar más tranquila cuando desperté. Cuando recobré el sentido, me encontraba en uno de esos bares a los que Abi y yo íbamos. Estaba sentada en una mesa repleta de botellas vacías, de cigarrillos mal apagados y unos cuantos vasos a medio llenar. Me incorporé, y vi a Abi en la barra. Estaba pidiendo un vaso de agua para mí.

– ¿Ya te has despertado? –me miró, intranquila –Esto no puede seguir así, ¿me oyes? Un día de estos beberás más de la cuenta y entonces no te tendré que recoger de un bar, sino de un tanatorio.

Tardé un rato en volver a la realidad.

– ¿Abi, donde está Miguel? -le pregunté.

– ¿Miguel? ¿Por qué me preguntas por él ahora? -dijo ella- Da igual, olvídalo.

Parecía demasiado real para haber sido un sueño, sin embargo... Yo no sabía qué creer. Muchas veces me ocurre que sueño cosas y luego al despertar tengo la sensación de haberlo vivido todo como si fuera real.

¿Sería esto real? ¿Estaría realmente Abi sentada a mi lado? Solo había una manera de comprobarlo. Y como si fuese un rayo, una idea fugaz se me pasó por la cabeza.

-Abi... ¿Qué día es hoy? -le pregunté.

–Viernes 7 de diciembre. Venga, date prisa. Tengo el coche aparcado en la puerta.

Y es cierto, así es como me di cuenta de que todo aquello de los agentes y la comisaría había sido un sueño ¿O quizás una advertencia? Puede ser. De todas maneras, ya nunca más iba a volver a dejar de lado a Abi cuando me necesitase, y espero que Miguel no fuera tan violento y agresivo como parecía serlo en mi sueño.

RESUMEN:

Cuando nuestra protagonista despierta, unos policías llaman a su puerta y la llevan a la comisaría. Quieren hacerle un interrogatorio sobre qué hizo anoche, porque su mejor amiga, Abi, ha desaparecido y varios testigos cuentan que estaba con ella. De repente, se acuerda de una pelea que Abi tuvo con su novio y teme que este le haya hecho daño. Presa del pánico, está a punto de contarle toda la historia al policía cuando se desmaya. Unas horas después se despierta ¡el día anterior al sueño! ¿Estaría soñando? Solo hay una manera de comprobarlo...

When our main character wakes up, a couple of agents knock at her door and take her to the police station. They want to ask her a couple of questions because her best friend, Abi, is missing, and some witnesses claim to have last seen them together. Suddenly, she remembers Abi having a fight with her boyfriend, and fears that he could have hurt her. Horrified, she is just about to tell the police officer, when she faints. A couple of hours later she wakes up... the day before the police visit! Is she dreaming? There's only one way to find out.

¿Cómo se encuentra la protagonista cuando se despierta?

Está muy perdida y mareada, todo le da vueltas a su alrededor.

¿Qué es lo que recuerda de repente en la comisaría?

Se acuerda de que fueron a conocer al novio de Abi, y luego ambos tuvieron una pelea y ella se fue.

¿Dónde se despierta la protagonista y en qué día?

Se despierta el día 7 de diciembre y en uno de los bares a los que solían acudir ella y Abi.

Conclusion

Thank you for purchasing and for reading this book. A new language can truly open new doors that you never thought existed. I hope this book was able to help open those new doors for you. A lot of effort has gone into the making and publication of this book, but the simple thought that it is helping pave the way for you to continue learning Spanish – and have fun while you're at it – makes all the effort worthwhile.

After reading the ten stories found in this book, you should be making headway in learning Spanish. You have learned hundreds of useful new vocabulary items to add to your memory bank, and you will find that your confidence in reading and writing has improved, too. If you found this book to be helpful, you can support it by leaving a review on Amazon or on the My Daily Spanish store. Your feedback is truly appreciated and valued.

To guide you further in your Spanish language journey, the My Daily Spanish team would be delighted to assist you in any way we can.

You can drop by the website (mydailyspanish.com) where you can find all the resources you need to learn and embrace Spanish – fun articles, lifestyle topics, quizzes, and many other resources, all targeting different levels of learning.

You can also follow My Daily Spanish on social media, where we aim to give you fun and useful content to help you keep learning Spanish daily.

Conclusion

- Facebook (facebook.com/mydailyspanish)
- Instagram (@holamydailyspanish)
- Twitter (@mydailyspanish)
- Pinterest (pinterest.com/mydailyspanish)

If you have any questions, requests, or concerns, do not hesitate to email contact@mydailyspanish.com. It would be awesome to hear from you.

Instructions on How to Download the Audio

- Go to this link: https://mydailyspanish.com/download-learn-spanish-intermediate-volume-1/

- You will see a *CLICK HERE* button on that page. When you click on that, it will take you to a Dropbox folder.

- You will see that the MP3 files are saved in the Dropbox folder. If you're not familiar with what Dropbox is or how it works – no need to panic – it's simply a storage facility.

- There is **NO NEED** for you to create a Dropbox account and **NO NEED to sign up** if you don't have an existing Dropbox account. All you have to do is locate the *DOWNLOAD* button on the Dropbox folder (clue: it's at the upper right portion of your screen). Just click that button and start the download.
  (Note: If you have a Dropbox account, you can choose to save it to your own Dropbox which you can then access anywhere on connected devices.)

- The files you have downloaded will be saved in a *.zip* file. Simply extract these files from the *.zip* folder, save to your computer or copy to your preferred devices... *et voilà!* You can now listen to the audio anytime and anywhere.

Additional Instructions for iOS Users

My Daily Spanish products are completely compatible with all iOS devices, but due to the limited control of the file system in Apple devices, you'll first need to download the files to your computer...

1. Download to your computer

Using either the download link you received in your email after your purchase or via your user account, download the *.zip* file to your computer.

Note: these files can be large, so don't try opening the *.zip* file until your browser tells you that it has completed the download successfully (usually a few minutes on a broadband connection, but if your connection is unreliable, it could take 10 to 20 minutes).

2. Extract the *.zip* file

If your computer is set up to automatically extract *.zip* files upon download, then you'll find a folder in your *Downloads* folder. Otherwise, just double click on the *.zip* file and it will automatically extract the file into a folder with the MP3 and PDF files.

3. Import the file in iTunes

In iTunes, select the *File > Add To Library* menu item. Navigate to the folder where the *My Daily Spanish* folder is, and select all the MP3 files. Click *Open*.

If your iTunes is set to its default options, it will copy all the *My Daily Spanish* MP3 files into the *iTunes Media Library*. To make sure the files are copied to your internal library, go to *iTunes > Preferences* and click on the *Advanced* tab.

4. Sync your iPad/iPhone with iTunes/iCloud

All you're my *Daily Spanish* audio files should now appear in your *Music* application under the *My Daily Spanish* artist.

Alternative:

You can also check out this video here: https://www.youtube.com/watch?v=a_1VDD9KJhc?

You can skip the first 1 minute and 20 seconds of the explanation.

Do you have any problems downloading the audio? If you do, feel free to send an email to contact@mydailyspanish.com I'll do my best to assist you, but I would greatly appreciate if you could thoroughly review the instructions first.

Thank you. Merci.

About My Daily Spanish

MyDailySpanish.com is a website created to help busy learners learn Spanish. It is designed to provide a fun and fresh take on learning Spanish through:

- helping you create a daily learning habit that you will stick to until you reach fluency, and
- making learning Spanish as enjoyable as possible for people of all ages.

With the help of awesome content and tried-and-tested language learning methods, My Daily Spanish aims to be the best place on the web to learn Spanish.

The website is continually updated with free resources and useful materials to help you learn Spanish. This includes grammar and vocabulary lessons, plus culture topics, to help you thrive in a Spanish-speaking location – perfect not only for those who wish to learn Spanish, but also for travelers planning to visit Spanish-speaking destinations.

For any questions, please email contact@mydailyspanish.com.

Spanish Verb Drills Mega Bundle: Spanish Verb Conjugation – With No Memorization

- Master verb tenses naturally: learn the conjugations of Spanish verbs AMAR, TEMER, PARTIR, SER, ESTAR, DORMIR, IR, PEDIR, PODER, HABER, TENER, and JUGAR, without memorizing anything.
- Effective repetition exercises to build your reflexes: each 3-4 minute drill will help you develop an instinct to choose the correct verb form.
- Practice your pronunciation: with over 14 hours of audio narrated by a native Spanish-speaker.

LEARN MORE

Printed in Poland
by Amazon Fulfillment
Poland Sp. z o.o., Wrocław